Palacios Reales
del Patrimonio Nacional

Palacios Reales

del Patrimonio Nacional

ISBN: 84-7782-042-2
Depósito Legal: B-38252/1988

Impresión Lunwerg Editores, S. A.
Beethoven, 12 · 08021 Barcelona. Teléfono 201 59 33
Manuel Silvela, 12. Madrid. Teléfono 593 00 58

AUTORES

Texto: **Oscar Collazos**

Fotografías del Palacio Real de Aranjuez,
Casita del Labrador y Jardín del Príncipe.
Palacio Real de la Granja de San Ildefonso,
jardines, fuentes y tapices.
Palacio Real de Riofrío y coto del mismo.
Casita del Infante y Casita del Príncipe del Escorial,
Palacio Real de El Pardo y La quinta de El Pardo: **Francisco Ontañón**

Fotografías del Palacio Real de Madrid y Campo del Moro: **Ramón Masats**

Fotografías del Palacio Real de la Almudaina
de Palma de Mallorca: **Andreu Masagué**

DESDE EL PALACIO REAL DE MADRID

Querido lector:

Ahora, cuando empiezo a redactar el primero de mis escritos, he preferido que sean sencillas cartas, y no ensayos eruditos, las que dén cuenta de mis impresiones en este viaje. Deseo sinceramente no defraudarte.

Cuanto aprendí de los libros que, oportunamente, se pusieron en mis manos, me servirá estos días de guía. Quisiera, por otra parte, no avivar en tí la nostalgia, sino añadir las humildes impresiones que ahora empiezo a escribir, a las impresiones que, a pesar de los años pasados, han estado siempre vivas en mi memoria. Con este espíritu me he acercado al *Palacio Real de Madrid,* primera estación de mi itinerario.

Aunque pueda parecerte ingénuo, pues ha sido precisamente la historia de estos sitios lo primero que investigué antes de proyectar este viaje, espero que aceptes la tal vez excesiva cantidad de datos históricos que aparezcan en mis cartas. No obstante estar escrita por los especialistas, creo que en cada generación la Historia debe ser nuevamente contada. Esto, que es una justificación, quizá sea también el mejor punto de apoyo a mis impresiones, que no deseo se produzcan en el vacío.

Mayo ha llegado anticipándose al verano: un sol espléndido sobre Madrid, que de pronto se me antoja gran ciudad festiva.

He andado literalmente por Madrid, sin descanso, durante las dos jornadas últimas, antes de dirigirme al Palacio Real que, felizmente, está metido en las mismas entrañas de la ciudad, en su extremo occidental, no muy lejos de donde me hospedo. Llegar al Palacio me resulta muy cómodo, de allí que haya preferido hacer algunas visitas, la primera sin documentación previa, la segunda con la información histórica disponible.

Hago el esfuerzo de imaginar cómo en sus orígenes, en lo que hoy es el Palacio Real, existió una alcazaba árabe que con el tiempo se transformaría en residencia real, en lugar de cacería de los Trastamaras, primero, y de los Reyes Católicos, después. Imagino los bosques que rodeaban la ciudad. Y especulo, también, sobre las razones que condujeron a Carlos V y a su hijo Felipe II a impulsar las obras del castillo primitivo, convertido con los años en Palacio Real. En efecto, Carlos V ordenó a sus arquitectos, Luis de Vega y Alonso Covarrubias, la ampliación del castillo, obra que en época de Felipe II continuaría Juan Bautista de Toledo, Juan de Herrera y Francisco de Mora, a quienes sucedería, durante el reinado de Felipe III, Juan Gómez de Mora. Has de recordar que Felipe II, pendiente también de las obras de El Escorial, había fijado su residencia en Madrid, en 1561. Entre Aranjuez y El Escorial se movía la Corte por aquellas fechas.

Ha llegado el siglo XVIII y con él la extinción de la Casa de Austria. La Corona de España pasa, con Felipe de Anjou, a la dinastía de Borbón. La suntuosidad de la época, imitada de Francia, no impide que Felipe V ocupe el Palacio de Madrid, aún austero si se piensa en el esplendoroso modelo del vecino país. Para suntuosidad habría de volcarse sobre otra obra: La Granja, cuya conclusión data de 1723.

Nuevamente el azar se imponía sobre una gran empresa humana: el antiguo Alcázar (Palacio Real luego) fue destruido por implacable incendio, lo que llevó al Monarca a la construcción de un nuevo Palacio. En su empresa contó con el arquitecto Felipe Juvara, primero, y con Juan Bautista Sachetti, después. En abril de 1737 se dio pues comienzo a la obra, empezando por la fachada del mediodía. Para Sachetti, el Palacio debía ser de planta rectangular, con cuatro salientes en los ángulos: Los detalles adicionales no vienen a cuento. Sí el reconocer que fue durante el reinado de Fernando VI cuando se terminó la obra exterior, gran parte de la interior y considerable fase de la ornamentación.

A veinticinco metros del suelo está el alzado de Palacio. La altura se duplica en los desniveles de las fachadas norte y oeste. Cuando me he adentrado por la fachada principal, veo las cinco puertas y, atrás, la gran explanada. Al frente tengo una especie de frontón rectangular adornado con un inmenso reloj. Y sobre el balcón central, la representación de *España triunfante:* una matrona, personificación de España, y, a sus pies, el río Tajo, representado por un anciano de luenga barba. Para prevenir accidentes, se pensó en la durabilidad de la piedra como material para las fachadas. De allí el embovedado de las habitaciones.

¿Te recuerdo, amigo lector, que las obras interiores del Palacio Real de Madrid fueron continuadas aún después de que, el 1 de diciembre de 1764, Carlos III dispusiera que podía ser ya habilitado? Veintiséis años más pasarían antes de terminar el Palacio Nuevo. Obras complementarias vendrían en los años siguientes. También en los reinados sucesivos: estas obras habrían de seguir hasta el de la Regencia de Doña María Cristina de Habsburgo-Lorena. Durante el reinado de Isabel II se construirían los arcos y dependencias que prolongan el Palacio y cierran la Plaza de la Armería. También a Don Alfonso XII correspondió añadir obras al Palacio, como la escalera de bajada al parque.

No es ocioso señalar mi itinerario iniciado por la puerta de la derecha de las tres centrales de la fachada de la Plaza de la Armería, que me permite el acceso a un vestíbulo de forma elíptica. A partir de allí, no puedo sino recordar mi paso por el Salón de Alabarderos o de Guardias, por el suntuoso Salón de Gasparini y el Salón de Columnas. Se dice que aquí se celebraron, en el siglo XIX, banquetes y bailes, tan considerable es su dimensión. Los dos son de extraordinaria riqueza. A Matías Gasparini se debió la decoración de aquel Salón y, sobre todo, de la hermosa bóveda del Salón. Paso al Salón de Carlos III. Allí murió este Rey. A su nieto Fernando VII correspondería la iniciativa de mandar a tapizar los muros, admirables con su seda celeste bordada de plata con emblemas de la Orden de Carlos III, que se había instituido en 1771. Los muebles son también de la época fernandina.

De Sala a Sala, me encuentro con la de Porcelana. Inimitable el trabajo hecho en la Fábrica del Buen Retiro, que tanto proveyó a otros Palacios españoles. Paso a la Sala Amarilla y me llama la atención, en especial, la bóveda pintada por Luis López: *Juno en su carro,* admirable obra que data de 1829. Y el Comedor de Gala. No puedo menos de recordar que estuvo destinado a Doña María de Sajonia, esposa de Carlos III. En un comienzo estaba constituido por tres salones y fue Don Alfonso XII quien ordenó que los unieran para conformar el actual Salón, donde el Monarca habría de celebrar su segundo matrimonio con Doña María Cristina de Habsburgo-Lorena. Extraordinario el tapizado bruselense. Porcelana china del siglo XVIII y porcelana de Sèvres. En las bóvedas, que pertenecían a los antiguos salones, obras de Mengs y Antonio González Velázquez, la de éste conmemorando la presencia de Cristóbal Colón ante los Reyes Católicos, una vez descubierto el Nuevo Mundo. Es impresionante la mesa: admite hasta 145 comensales.

Mi visita por el interior del Palacio Real se prolonga y me detengo en la Capilla, terminada de construir en 1757, con sus dos altares, antes de seguir a la Antesala de Doña María Cristina y a la Antecámara, que me permite pasar inmediatamente a la serie de salones que ocupan la fachada este del Palacio. Éstos dan a la Plaza de Oriente. Del Comedor de diario paso al fascinante Salón de Espejos, que es preciso asociar con el Salón de Gasparini por la maestría de estucos rococó.

El Salón de Tapices del Palacio Real tiene cinco obras maestras del género, tejidas en la Real Fábrica de Tapices de Madrid. El Salón de Armas contiene también dos series de tapices bruselenses, en las que se representa la *Historia de Escipión*. Hay que añadir el barroco mobiliario y no olvidar la existencia de los balcones en este inventario en el que lámparas y candelabros y diversas joyas modernas y miniaturas realzan aún más la riqueza de un Salón que en otras épocas se reservara para la exposición de armaduras de hierro acerado grabadas al aguafuerte en el siglo XVII. Habían pertenecido a Felipe III.

Y ya en las Habitaciones Privadas, en un ala saliente del Palacio, se pueden ver, afuera, la calle de Bailén y la Plaza de la Armería. Aquí estuvo la biblioteca palatina y fue Fernando VII quien dispuso que ésta fuera su residencia privada.

Imposible reseñar mobiliario y objetos decorativos hallados a mi paso, antes de internarme en la Cámara Oficial, de pasar a la Antecámara y penetrar en la Saleta, también con tapices de la Real Fábrica de Madrid. Con razón se dice que la bóveda de este Salón, obra de Juan Bautista Tiépolo, es "una de las más hermosas del Palacio". Y cuando empiezo a concluir mi visita, que desearía repetir o prolongar, tropiezo finalmente con el Salón del Trono. Es casi enteramente de la época de Carlos III. Espejos con marcos dorados dan mayor brillo a la luz. Esculturas de bronce de tamaño natural, sobre pedestales, dan mayor realce a la grandeza de este Salón, en sus muros adornado con las figuras de las Virtudes, Prudencia, Justicia, Fortaleza y Templanza, además de las de Júpiter y Mercurio, y las de Saturno y Marte que se hallan a la entrada.

En el momento que creo terminada mi visita, me hallo en la Sala de los Grandes de España, pequeña habitación, es cierto, pero no menos lujosamente ornamentada. He salido a la escalera principal. Allí está la estatua dedicada a Carlos III.

El Palacio Real de Madrid podría ser, como decía antes, una obra austera. No obstante, me ha bastado el anterior recorrido para comprobar que nada hay de reñido entre la grandeza y la austeridad, hijas de un parecido espíritu creador.

He preferido la reseña de algunos sitios de no tan modesta importancia porque forman parte del amplísimo inventario artístico del Palacio Real, como son la Armería, el Museo de Carruajes y la Biblioteca, partes sin las cuales no tendrían sentido mis visitas. Desearía que, en todo momento, tuvieses presente lector, la presencia altiva del Palacio, que no disociaras en ningún momento estas partes del todo que representa la magnífica obra emprendida en uno de los momentos más luminosos de la historia de España.

En momentos en los que las armas se codearon con las bellas artes y éstas con el no siempre apacible ejercicio del poder, justo es pensar que las primeras, casi sin saberlo, estaban haciendo historia, no sólo en la medida en que pertenecían a éstas y otras técnicas de época sino también por el gusto específico de quienes las concebían. Poco adictos hemos sido, a veces, al estudio de los modos y modas. Si me detengo en la descripción de un lugar como la Real Armería es porque creo ver en ella la huella de épocas sólo recuperables con la suma de aquellos elementos que, dispersos, le dieron una identidad inconfundible.

LA REAL ARMERÍA DE MADRID

Es, en realidad, un Museo singular. No son pocos los cronistas que aseguran que no tiene parangón con los de su género. Desde el siglo XV, en estos objetos prácticos y aparentemente irrelevantes, se revela una verdad irrefutable: el arte y la artesanía fueron puestos al servicio de una humilde función cotidiana. Nada o poco importa saber que se trata de armaduras de guerra o de parada, de espadas o de escudos, de arneses de guerra o justa. El objeto que ha dejado de servir para la función que fue concebido, sólo perdura por el arte con que fue realizado, por la materia que le dio forma o por esa otra forma de trascendencia que constituye el haber pertenecido a una personalidad excepcional de la historia. Fabricadas con esmero, armas y armaduras dejan de ser instrumentos funcionales: son, en resumen, objetos de arte o artesanía.

Armerías personales de Carlos V y de Felipe II, por ejemplo, con el tiempo no serán, como hoy son, más que museos históricos. Trofeos de batallas, armas ganadas al enemigo, otras que tal vez nunca tuvieron ningún uso, las más que lo tuvieron y fueron motivo de orgullo, todo esto es cuanto pienso al recorrer la Real Armería. Sé, entonces, que ya en 1849 se había publicado el primer catálogo del género, bajo el reinado de Isabel II. Hacia 1884, los tesoros acumulados pedían su sitio exclusivo. Lo tendrían en 1893: de este año data el *Catálogo Histórico Descriptivo de la Real Armería de Madrid.*

En un salón de la planta principal encontrarás, querido lector, las armaduras de los siglos XV y XVI y las de Carlos I de España. En la planta baja, las que vienen de los reinados de Felipe II, Felipe III y Felipe IV. No puedo reseñarte objeto por objeto ni sala por sala. Pero allí hallarás, en perfecta clasificación, digna del extraordinario Museo que hoy es este lugar: armaduras para niños, coracinas, cascos, rodelas, tarjas, escudos y adargas; encontrarás piezas sueltas de armaduras, sillas, testeras, frenos, estribos y espuelas; armas blancas; hachas, martillos, mazas y bastones de mando; armas de asta; ballestas y sus aderezos, tanto como cerbatanas; armas de fuego portátiles, banderas y mosquetes de muralla; encontrarás, en fin, objetos de guerra. Y, en salas o espacios que por momentos parecen la escena inmóvil de una pieza de teatro, el decorado de suelos y paredes, el atractivo de los muebles que contienen las armas, la decoración de las paredes, banderas históricas con piezas sueltas, tapices y jarrones, sedas y lanas. Cuando termino mi visita, cuando decido repetirla de vitrina a vitrina, de salón a salón, es cuando me detengo con mayor gusto en esos mínimos detalles de las formas, en la materia con que cada objeto fue fabricado. Es cuando percibo que, respetando orden cronológico y jerarquías de uso, el Museo no podía haber sido concebido con mayor gusto y armonía. Los objetos, me digo, son tan inseparables de quienes los concibieron como de quienes les dieron el uso conveniente.

Igual o mayor será mi regocijo cuando me adentre en el Museo de Carruajes, tan ligado también al Palacio Real de Madrid.

MUSEO DE CARRUAJES

Ya en el siglo XVI se quejaban algunos de la excesiva cantidad de carruajes que circulaban por la capital del Reino. No puedo por menos de suponer que su moda había ido más allá del uso real para extenderse a capas acomodadas de la población. Hasta la servidumbre podía, sin duda, presumir en estos vehículos que en toda Europa constituían una novedad por la cantidad de modelos aparecidos. Cada época concibió sus propios ejemplares. Estaba ya lejana la fecha en que Margarita de Austria se hizo traer de Flandes uno de los primeros prototipos. Es cierto que en Italia, en el siglo XV, abundaban las carrozas, que el tráfico entre España y este país era intenso y los medios de transporte, primero rudimentarios, debieron dar origen a un vehículo de uso casi exclusivamente real. Pero como lo aseguran los cronistas, es el siglo XVI el que ve nacer, en cantidades abrumadoras para las ciudades de entonces, todo género de carruajes. Nacen entonces, a su vez, los maestros de coches, algo así como ingenieros y diseñadores al servicio de la Corona. Han nacido los "coches de damas" y los de "cámara". Nacerán en el siglo XVIII, los "de dos vigas", las "calesas", las "calesinas" y los "coches tumbones", nombres que hoy tal vez no digan mucho a un lego en la materia. Bastaría, sin embargo, acercarse al Museo de Carruajes que me ocupa, para comprender no sólo la diversidad de estilo sino el valor jerárquico que tuvieron.

No se trataba, claro está, de simples medios de transporte. Fueron concebidos (en la realeza, la nobleza y las clases acomodadas), como objetos artísticos. De allí el cuidado en su ornamentación interna. Tapizados de cuero o terciopelo, adornados con tachuelas doradas que formaban dibujos, con plata cincelada u otros materiales nobles. La artesanía se convirtió en arte. El "mecánico" primitivo en decorador, atento al gusto de quien le pagara. Las caballerizas reales se vieron, pronto, en el siglo XVII, llenas de coches y lo que había sido novedad en el siglo XV se convirtió en norma, norma de privilegiados, es cierto, pero norma que daría a las ciudades un nuevo aspecto, a la vez que trastornaba en buena medida la organización y diseño urbanísticos. Llegaron las "berlinas" y "bávaras" (traídas de Alemania) y las "estufas", de Roma y de Nápoles. Cuando no era posible importarlas, se copiaban los modelos extranjeros. Como si pensáramos en la industria automovilística de nuestro tiempo, también entonces se popularizaron modelos, reemplazados por otros, a tal velocidad que pronto los anteriores fueron considerados pasados de moda.

Al lado de los carruajes reales o los de la nobleza, se hicieron otros distintos, más modestos. Cada carruaje tenía su signo y cada signo una jerarquía de clases. Casi nada distinto a las jerarquías que se traslucen en el usuario de éste u otro coche contemporáneo. En el siglo XVIII, se llegaron a inventariar 179 carruajes. De tanto copiar modelos extranjeros se hicieron en Madrid, centro de fabricación, modelos propios. Se pondrían de moda, después de los franceses e italianos, los modelos ingleses. Y es en el siglo XIX cuando los carruajes de caballos entran en su apogeo. Se ha ganado en comodidad, se han ideado métodos de suspensión, el hierro y el acero, recién usados como material de la próspera industria inglesa, empiezan a ser usados por fabricantes españoles. Los carruajes ya no son una exclusividad real: se extienden a diversas capas sociales, se vuelven individuales y colectivos, los hay para niños y para hombres de negocios, los hay de viajes largos y para ir al teatro, para pasearse por los parques y para excursiones campestres, para cacerías y... para el servicio público. A lo práctico correspondió lo estético.

Que toda esta historia pueda hacerse ahora, aunque sea someramente, explica el sentido de un Museo de Carruajes. Y el de Madrid me ha llevado a un viaje delicioso en el tiempo, en los tiempos. Nada más grato que imaginarse dentro de estos carruajes, "recorrer" con sus propietarios el itinerario que el anecdotario histórico nos ha dejado. Desde lo rudimentario se llega a lo sofisticado. Las líneas corresponden a gustos de épocas, trátese del Vis-a-Vis de gala (de sinuosas líneas redondeadas) o del Faetón alemán, más sobrio.

No es difícil hacer un paralelismo con el automóvil: sigue evoluciones paralelas, siglos después. De la sobriedad del vehículo individual o de dos plazas, al más amplio, de tecnología más depurada. Una Berlina de gala, como la del Presidente de las Cortes, no se parece en nada al Landó de gala inglés. Se parecen, en cambio, las berlinas de gala que usaron el Marqués de Sierra Bullones y la Duquesa de Bailén. Y si vamos más atrás, ¿cómo no pensar en el trineo rudimentario, carruaje también? ¿O en las sillas de mano, carruajes "tirados por hombres"? Es tan rica la variedad de modelos y técnicas, que la visita al Museo de Carruajes equivale a un viaje por los tiempos. Por este Museo hay que desplegar memoria e imaginación. No he podido dejar de sonreir, pues cuando miramos hacia atrás, algo de inocencia hay en los pasos primeros dados por la imaginación de los hombres. También, no he dejado de maravillarme, pues este Museo es, en su conjunto, un equilibrado muestrario de ingenios.

BIBLIOTECA DE PALACIO

Como si buscara los contrastes, pasé, al día siguiente, a la fascinante Biblioteca del Palacio. Sabes, como acabo de saberlo, que es ésta una de las mejores de España. Veinticuatro salas dan cabida a 300.000 impresos, 4.000 manuscritos, 3.000 obras musicales, 3.500 mapas, 2.000 grabados y dibujos, 2.000 monedas y medallas. Abundan las rarezas, los ejemplares únicos, los documentos. La colección cervantina es de valor inestimable, como lo son la de manuscritos sobre Historia de España y el Nuevo Mundo. De armario en armario (decorados con madera de caoba), se asiste al doble espectáculo de la bibliografía y al cuidado de la encuadernación.

Excesiva e inoportuna, además de imposible, sería la descripción pormenorizada de la Biblioteca del Palacio Real de Madrid. Ni yo mismo, en dos tardes enteras de visita, he podido abarcar en su totalidad el contenido de sus salas, debiendo ayudarme, ahora, de catálogos y guías.

Esta Biblioteca, que se llamó "de Cámara" o "Particular de S.M.", para distinguirla de la que pasaría a ser Biblioteca Nacional, es patrimonial de los Reyes de España. Su historia abarca más de dos siglos, desde aquel año de 1714, cuando tuvo su comienzo bajo el reinado de Felipe V. Fue enriqueciéndose sucesivamente con las bibliotecas privadas del Conde de Mansilla, del Déan de Teruel, del Conde de Gondomar, con la de la Secretaría de Gracia y Justicia, con libros traídos por Fernando VII desde Valencey y de otros comprados durante su reinado.

Desde tiempos de Carlos III la Biblioteca fue instalada "con severa y rica estantería de caoba maciza" (en el cuerpo añadido a los primitivos proyectos del Palacio de la Plaza de Oriente). La Biblioteca se incrementaría con el aporte de Carlos IV y su esposa Doña María Luisa de Parma. Fernando VII costearía, por su parte, ediciones de lujo, monumentales como la *Lithográphica de cuadros del Rey de España* (conservada en el Museo del Prado). Joyas de increíble valor pueden hallarse hoy allí, como el *Libro de Horas,* con las armas de Aragón y Henríquez, códices con miniaturas de fines del siglo XV y encuadernación de esmaltes que hacia comienzos de siglo fueron evaluados en 200.000 francos de la época. Allí hallaremos la *Historia Universal de las cosas de la Nueva España,* de Fray Bernardino Sahagún, que data del siglo XVI, o el *Libro de la Montería,* del Rey Don Alfonso XI; las *Cartas y poesías* de Torcuato Tasso o el ejemplar único de la *Gramática Castellana,* del Licenciado Villaón, editada en Amberes en 1558; también el ejemplar único de *De la guerra y batalla campal de los perros contra los lobos habida...,* de Alfonso de Palencia; un raro ejemplar, quizás único, del *Tratado de Ortografía,* de Martínez de Cala Nebrija, fechado en 1527, o, para ir más atrás, la obra *Rationale divisorum* (Maguncia, 1451), de Guillelmus Durandus, posiblemente el primer incunable que lleva capitales tipográficas.

¿Qué no hallar entre estos 300.000 impresos, incrementados por donaciones particulares, cuando no por las bibliotecas privadas que al paso de los siglos fueron cedidas por sus propietarios?

De pasada confieso que, durante algunos años, confundí la Biblioteca Nacional y la Real Biblioteca, imaginándolas una sola. Lo cierto es que, desde 1836, son entidades separadas.

Si te adentras —amigo lector— en una cualquiera de las salas de la Real Biblioteca, encontrarás la misma sobriedad ambiental, contrastando casi con la riqueza de los volúmenes allí contenidos. No puedo menos de decir que, recorriéndola, sentí el peso abrumador de los siglos, la historia que ha dado a la humanidad todo cuanto podía darse para mantener viva la creación de los hombres y la memoria colectiva. El libro, ese objeto hoy industrializado, encuentra aquí su prehistoria en incunables y manuscritos, en los graciosos *ex-libris* de los antiguos donantes y en las dedicatorias de los más curiosos ejemplares. Una biblioteca es el mundo y tal vez sea éste uno de los más bellos mundos posibles, instalado en la confortable planta baja del Palacio Real de Madrid.

PALACIO REAL DE ARANJUEZ

Cómo no reseñarte el pasado de esta ciudad, milagrosa en medio de la aspereza de Castilla, primaveral como la vio el eterno Gracián, besada y abrazada por el Jarama y el Tajo, como la evocó Cervantes? El tiempo y la voluntad de los hombres quisieron que, de aldea, Aranjuez fuera convirtiéndose en lo que es hoy, sin ocultar las huellas de su pasado. ¿No fue Alejandro Dumas, viajero generoso por estas tierras, el que, ya en el siglo XIX, recordó que Aranjuez era tenida por el Versalles de Madrid? Cada época tiene sus propios ojos para mirar incluso aquellas cosas que ya nada ni nadie modifican.

Pienso, ahora, en la aldea de la Edad Media, en el pequeño pueblo castellano que fue después, en el Aranjuez de los Reyes Católicos y de los Austrias y de la Casa de Borbón, en cuanto por la ciudad hizo Fernando VI, muriendo ya el siglo XVIII. ¿Y cómo no pensar en el origen de su nombre, tan controvertido como misterioso? Hay quien asegura que es árabe; con no menos certeza se dijo que latino y puestos a interpretaciones etimológicas, se aseguró que Aranjuez era nombre de procedencia fenicia o cartaginesa e, incluso, vasca. Pero dejemos, como los historiadores, este resonante nombre en el misterio, porque misteriosa parece también hoy la ciudad que uno se encuentra al Sur de Madrid y a la orilla de un río Tajo no menos misterioso.

Supe, en su momento, que por el Real Sitio de Aranjuez habían pasado deleitosas jornadas Isabel I de Castilla y Fernando II de Aragón; que Carlos V hizo cuanto estuvo a su alcance para convertir este hoy histórico lugar en Residencia de recreo; que Felipe II, aún niño y enfermo, pasó su convalecencia en Aranjuez y que, años después, convertido en Monarca, ampliaría aún más las dotaciones del Real Sitio. La historia de sucesivos monarcas españoles está pues en la ciudad y en este espléndido monumento en el que la arquitectura de los tiempos modernos se fue ordenando sobre las bases de lo que había sido un primitivo lugar de recreo medieval. En una descripción, casi dolorosa, supe del fatal incendio del 16 de junio de 1727, de los esfuerzos ulteriores de Fernando VI y Carlos III por restaurar y enriquecer el Sitio Real.

¿Me detengo en innecesarios datos históricos? No puedo evitarlo, pues una vez se penetra en el Real Sitio de Aranjuez la historia salta a los ojos del visitante e incluso es repetida por anónimos habitantes de la ciudad, que creen ver, aquí, en esta vastedad a veces lujuriosa parte de sus propias señas de identidad. Días felices y también infaustos fueron vividos por los sucesivos habitantes del Palacio. Ahora me viene a la memoria la repentina e inesperada presencia del Rey D. Alfonso XII en un día de 1885, cuando el cólera azotaba la ciudad y la residencia privilegiada se convirtió en vasto hospital de afectados por la enfermedad.

¿Qué si no la tenacidad creativa lleva a los hombres a continuar las obras de sus antecesores? El Palacio Real de Aranjuez ofrece, en sus interiores, una tan variadísima como valiosa riqueza artística. Al acceder al Palacio por la Plaza de Armas, habremos de encontrar una de las más bellas escaleras de los Palacios Reales españoles. Suntuosa, a decir verdad, es esta Escalera principal, obra de Giacomo Bonavía, realizada bajo el mandato de Fernando VI, aunque ya concebida en 1746, esto es, bajo el reinado de Felipe V. Poco a poco, iremos de sorpresa en sorpresa, ya anunciada en el "rococó" de la barandilla o, una vez dentro del vestíbulo, en los bustos de mármol blanco y jarrones que adornan el contorno. Suntuosidad y esplendor, tal es también la característica de la primera Sala (Cuerpo de Guardia de la Reina), aposento que fuera preciosamente amueblado al estilo "Imperio". Las pinturas de Lucas Jordán, o la lámpara de La Granja, son decorado excepcional en esta Sala, por donde he llegado a la llamada Saleta de la Reina, con aparadores-vitrina, estilo "Luis XVI", relojes en bronce dorados y nuevos cuadros de Jordán. En esta sucesión de salas, el visitante no puede eludir estancias como la Sala de Ayudantes y el Despacho oficial y de Audiencias, presidido éste por un gran tapiz flamenco. El sobrio e imponente mobiliario (mesa-escritorio, quinqués de porcelana, escritorio-secreter, mueble-consola en estilo Imperio, reloj de pie mandado fabricar por Carlos IV, etc.), sigue la tónica de estilos que cualquier visitante puede observar en este Real Sitio.

No sería ocioso, en este itinerario, reparar en la presencia de las diversas pinturas de época que se suceden entre el Ante-comedor de diario y el Comedor de diario, pasando después por la Saleta de Música de la Reina, con muros tapizados con damasco siglo XIX y espejos isabelinos. Llegar al Anteoratorio (rica colección de mosaicos se conserva en esta Sala, todos salidos de los Talleres vaticanos), pasar al Oratorio, obra del arquitecto Juan de Villanueva, es como recordar el estrecho nexo entre la devoción y el arte. Numerosas son las pinturas de tema religioso, obras de Francisco Bayeu, que fuera discípulo de Mengs, artista éste también representado en algunas salas del Palacio. Y una vez en el llamado Pequeño Tocador, no puedo menos que recordar, cuando me dirijo al Salón del Trono, que fue aquí donde, tras el "Motín de Aranjuez", Carlos IV abdicó en favor de su hijo Fernando VII, forzado por las circunstancias históricas de todos conocidas.

La Cámara Oficial de la Reina me permite llegar a la formidable Saleta de Porcelana. Puede pensarse en un disparate y no sería justo considerar así esta Saleta, tan querida por Carlos III. Tal es la profusión de detalles, tales los motivos que adornan esta Saleta, que uno se siente atraído por ella sin detenerse en su aparente incoherencia. Hay tanto exotismo como ingenio. Espejos y lámparas, cuanto aquí se acumula, confiere a la Saleta su carácter excepcional. Parecería concebida, con su colorido y brillantez, por una imaginación que quiso hacer del exostismo un solo cuerpo de maravillas. Cuando uno se asoma a sus balcones, tiene al frente el Jardín de la Isla. He pasado al Dormitorio de la Reina. Uniforme estilo "isabelino". Obras de Guido Reni y A. Ferrant decoran el lugar. Allí está también la magnífica pintura de la bóveda debida a Zacarías González Velázquez. He seguido hacia el Salón de Baile y de éste al Comedor Oficial o de Gala, con luces al patio interior del Palacio. Santiago Bonavía lo decoró durante el reinado de Carlos III. He continuado hacia la Cámara de Música del Rey y de ésta hacia el Gabinete árabe o sala de fumar, proyectado por Rafael Contreras en 1855.

El Dormitorio del Rey me devuelve al equilibrio característico del Palacio. Váyase por el Salón de los Espejos o por el Despacho de trabajo del Rey, se llegará a la Saleta de cuadros chinos, singular en todo sentido. Cuando se ha llegado al Vestíbulo de Salida, pasando por la Sala de Guardia del Rey, vuelvo a hallarme con nuevas obras de Lucas Jordán. A vuelo de pájaro, he hecho este recorrido. Y no es, amigo lector, exagerado decir que en su equilibrada armonía clásica o en sus pequeños detalles exóticos, el Real Sitio de Aranjuez nos traslada a una empresa humana que ya desde el siglo XVI fue concebida en su grandeza de hoy. Funestos fueron los accidentes. Empecinados los esfuerzos por seguir la obra, que habría de quedar consolidada en el siglo XVIII.

—Recuerdo que la última vez que fui al Palacio Real se entraba por la Plaza de Armas o de la Parada —me decía otro español días antes de emprender viaje hacia España, tras años de peregrinaje por América. Y por la Plaza de Armas he entrado esta mañana de un abril frío, no sin recordar que he dejado atrás lo que antes fuera el segundo ferrocarril de España, inaugurado en 1851 por la propia Isabel II, con líneas que llegaban hasta el interior del propio Palacio. Me he propuesto visitar la Casa del Labrador, los Jardines del Príncipe, y de la Isla. Y debo decir que, ante la magnificencia de estos jardines, aún sin haber estado en los renombrados de Viena o Versalles, siento que estos son, sobre todos, los que más me han llevado al regocijo.

REAL CASA DEL LABRADOR

Empezaré diciendo que la Real Casa del Labrador, en un rincón del Jardín del Príncipe (entre magnolias, arces y tilos), tiene un aire de intimidad extraordinaria. El tajo besa sus proximidades. Milagroso que el tiempo y los accidentes de la naturaleza hayan mantenido intacta la "Casita", como se la llama familiarmente. Ideal, como fue siempre, para reuniones de recreo en primavera y otoño, tiene el sello de finales del siglo XVIII, menos ortodoxo y más apacible que el barroco imperante en aquellos tiempos.

Desde el reinado de Carlos IV, las tres plantas de la "Casita" tienen cierta humildad, acorde con el bloque central y las dos alas que recuadran el amplio patio. Mármoles esculpidos, adquiridos por Felipe V, adornan pilares y machones. Debo detenerme en los preciosos detalles que asoman a cada paso. Como las trece hornacinas que entre los balcones dan cabida a reproducciones de estatuas clásicas o el pilón de medio círculo con mascarón que se destaca en el cuerpo central de la fachada, o la gruta donde reposa "La Envidia", con su cabeza aureolada por serpientes. Detalles que el visitante retiene con dificultad en la memoria. A tal extremo son abundantes. ¿Recuerdas —si has estado aquí— la reproducción del escudo de España que remata la fachada, sostenido por ángeles, que da testimonio del reinado de Carlos IV?

La profusión de obras artísticas es tal, una vez se ha accedido a la "Casita", que da la impresión de haber entrado a un gran museo de artes decorativas y suntuarias. Esculturas, bronces, sedas, porcelanas, lámparas, estucos y mármoles, y la colección de mobiliario inspirada en los estilos "Luis XVI" e "Imperio", todo esto no es, en suma, sino el hallazgo feliz de artesanos y artistas que fueron dando forma al lugar. Entiendo que obras de esta naturaleza quedan en la memoria, fragmentadas, como piezas de un puzzle. Es la sensación que tengo de un espacio al siguiente, cuando paso del anterior y me adentro en el vestíbulo y veo el precioso techo adornado con camafeos y florones, escayola abultada que imita la porcelana, arcos de mármol toledano, y la representación, en mármol de Carrara, de Marte y Minerva, que según consta vienen del reinado de Felipe V.

Imposible dar cuenta de cada detalle. He pasado a la planta principal, exactamente al Salón de los Dieciocho, y me ha llamado la atención la cartela en mármol blanco, apoyada por querubines con el collar del Toisón de Oro, y los bustos de Carlos IV y María Luisa, fundadores del Palacete, hecho en bajorrelieve. Las cuatro saletas de la segunda planta tienen un impecable estilo isabelino, me dicen. Paso al primer rellano, donde puertas y balcones son de madera de caoba. Se baja la vista y se aprecian suelos de mármol dibujados y con color. Es entonces cuando se pasa a los salones, al de Billar, por ejemplo, con techo abovedado, adornado por la obra de Salvador Maella, con paredes tapizadas en seda, pájaros y flores que recuerdan el estilo Pompeyano. Debes pensar, mientras lees mi reseña, que esto parece un inventario más fácil registrable por una cámara de cine que por la imprecisión de las palabras. Es lo que, caprichosamente, he pensado: en una cámara que, lentamente, se desplaza del suelo a las paredes y a las bóvedas, que se detiene en los cuadros y en esos muebles de estilo "greco-romano" (¿no se les llama hoy "directorio"?), donde banquetas y cónsolas y porcelanas de Sévres y Viena contribuyen al grandioso lujo de la estancia.

No sé si mi observación es de orden moral o artístico: el lujo, tenido a veces por innecesario, queda en el patrimonio de los hombres como huella del gusto y de la imaginación que en cada época, primero por capricho y después por sistema, fue sello de identidad de sus promotores. Estas obras son patrimonio expuesto a españoles y extranjeros. No es sólo un capricho la preciosa mesa de Billar con su colección de tacos, ni la chimenea en mármol blanco del mismo Salón de Billar ni el reloj monumental, obra de Manuel de Rivas, ni las filigranas de la lámpara de La Granja compuesta por minúsculos avalorios.

La "Casita", como recordarás, no sólo cuenta con este magnífico Salón de Billar. Se ha de visitar la Galería de Estatuas, donde las estatuas de los antiguos filósofos griegos y la regia colección de relojes son de igual interés, estos últimos expuestos en el centro de la Galería. Se ha de conocer la Saleta de la Reina, con paredes cubiertas de sedas bordadas a mano, como muchas de las paredes de la "Casita". De salita en salita se llegará al Comedor, en la crujía central del edificio. Testimonios de la presencia de Carlos IV y María Luisa son los 93 cuadritos en los que, además de motivos de Aranjuez pueden verse otros de El Escorial y de diversos lugares italianos. O pasar al Salón de Baile, al que se accede desde el Comedor, también con dibujos "pompeyanos". Las magníficas lámparas que penden del techo, en bronce dorado y cristal tallado, traídas de Mont-Cenis tienen motivos comunes: la Flor de Lis de la Corona Real, castillos y leones. Un soberbio reloj domina el testero de la derecha. Lamento no haber escuchado su música de órganos y timbales.

Van quedando ya, al día siguiente de mi primera visita, las imágenes de la Galería de Estatuas, el comedor, que se diría sobrio si su entorno no estuviera tapizado con tanta riqueza o su lámpara no cayera sobre la mesa de diez puestos, con su profusión de cristales. Queda, como ya te lo he reseñado, el amplísimo Salón de Baile y, dentro de él, el inapreciable jarrón de Sèvres instalado en uno de sus ángulos, y las saletas que se van sucediendo, una a una, en una perspectiva de repetidas y nunca idénticas decoraciones. Retengo la Sala del Cristo y el Gabinete de Platino y el suntuoso Tocador y la Saleta de la Corina, también llamada de Música. La "Casita" es difícilmente reproducible en este inventario, que no pretende otra cosa que revivir las imágenes de tu memoria, lector, y fijar en mí las que en repetidas ocasiones fueron tema de evocaciones. No es a la inteligencia, sino a los sentidos, adonde se dirige la visión de estas imágenes.

JARDÍN DEL PRÍNCIPE

El Jardín del Príncipe. Su nombre le viene de Carlos IV que, siendo Príncipe de Asturias, decidió su creación en 1780. Es otra maravilla del Real Sitio. Si se traza una línea recta, más de cuatro kilómetros cuenta la calle de la Reina que, entre los puentes de las Barcas y de la Reina son el terreno ocupado por el Jardín, obra de Esteban Boutelou. Las fuentes de Narciso, Apolo, Cisnes y Tajo, entre otras, contribuyen al remanso del lugar. Ahora sí es el momento de decirlo, ayudado por los cronistas del Real Sitio: estos jardines son anteriores a los renombrados de Versalles y es lícito decir que, en mucho, pueden sobrepasarlos en belleza. El Tajo sigue siendo una presencia complementaria, además de la privilegiada naturaleza que, desde siempre, o modificada por obra de los hombres, convirtió a este sitio en uno de los más privilegiados de la geografía española. En ocasiones he pensado que no es tanto la nostalgia de las cosas como la del ambiente lo que me hace volver sobre estos lugares. Lo curioso es que unas y otro se conjugan armónicas. Hasta el murallón con pretil de piedra, que protege al jardín del río, impone cierto aire de peremnidad. Huertas, invernaderos y viveros están en función de la estética que en ningún momento se rompe en todo el conjunto, como las magníficas puertas creadas por Juan de Villanueva y que dan acceso al público muy cerca del puente de las Barcas.

De la calle de Alfonso XII a la Avenida de la Princesa Girgenti, median la Plaza de Pamplona (admirables sus enormes jarrones en piedra) y la fuente de Los Atlantes y Narciso, obra de Joaquín Dumandre. El mito clásico es recreado sin excesos y ante esta fuente se revive una de las eternas imágenes de la belleza que perece en su propia contemplación. Igual sensación se tiene ante la fuente de Apolo y uno no puede menos de evocar cómo, entre el neoclasicismo y el romanticismo, España se imaginó eterna como los mitos que dieron vida a la Antigüedad. Nada, ni siquiera el detalle chinesco del estanque de la calle de María Cristina, parecía escapar a arquitectos, escultores y decoradores. Allí están las diez columnas de mármol del templete y los reiterados motivos de flores y pájaros; los abetos de la calle de Francisco de Asís y los viveros, instalaciones no sólo decorativas sino productivas. La simetría caprichosa del boj, llamativa sobre todo en el Cenador; la discreción del Embarcadero, donde he escrito mis primeras notas del día; la calle de las Rosas o la Casa de Marinos; la Fuente de Pabellones y la exótica resonancia de los chinescos son, como imágenes superpuestas de un mismo y amplísimo espacio, detalles que uno retiene con una certeza: la de que, en adelante, no pertenecerán a una época, ni siquiera a los hombres concretos que concibieron obras de esta naturaleza, porque serán en gran medida intemporales.

JARDÍN DE LA ISLA

Intemporal, pese a que el siglo XVIII sella su origen, parece ser también el Jardín de la Isla, construido donde antes existieran pobres viviendas desordenadas y promontorios. Es de la época de Fernando VII la proyección del hoy bellísimo parterre. Quizá lo más armónico lo constituyan sus fuentes, empezando por la del Jardín, donde un Hércules recio es centro de una más amplia recreación, la de su leyenda, que no hace falta reconstruir en estas líneas. Se trata de un admirable grupo escultórico de 1837. Nuevamente, el mundo clásico es evocado en este Jardín, como en la fuente de la diosa Ceres o las pequeñas de Nereidas, según se dice provenientes de la época de Felipe V. Praderas y pequeños bosques, gigantescos jarrones en mármol de Carrara, siempre la constante relación de la naturaleza y el arte en un conjunto que, posiblemente, no sea sino el diálogo de arquitectos y artistas con el medio.

He omitido, creo, un detalle: el que consagra a los Maestros de la Orden de Santiago como primeros artífices del Real Sitio. Y es a su nombre al que se dedica, por ejemplo, el Jardín del Rey, donde seguramente tuvieron su residencia. Estoy entonces frente al Palacio, en el Paseo del Parterre. Rincones por donde penetra el Tajo (donde se inicia la ría de los Molinos); puentecillos que dan a una amplia explanada con fuente de mármol y la curiosa representación de niños que sostienen una jeringa. ¿De dónde saca la imaginación del hombre como no sea de la memoria de todos los tiempos los motivos de su obra creadora? Una variada presencia de árboles y frutos. Desde Felipe II, pasando por Felipe IV, hasta alcanzar su actual fisonomía, los Jardines de la Isla son un intrincado juego, el juego que siempre propuso el hombre a la Historia y a la Naturaleza. Frente a la Fuente de la Boticaria o la de Hércules; frente a la de Apolo o del Reloj, se comprende que, al crear, arquitectos o escultores, jardineros o anónimos artesanos no quisieron otra cosa que inventar a su manera el pasado de los dioses o de los hombres, ennobleciéndolo con cuanto podía ser más noble en la materia: mármol o cristal, piedra o arcilla. Lo más auténtico de estos jardines se levanta entre los siglos XVII y XVIII. Ni siquiera el dios Baco ha sido olvidado, porque Venus también existe. La armonía y la exuberancia, lo sublime y lo sensual.

Mientras escribo temo haberme dejado arrastrar por una rara manía: la de inventariar el mínimo detalle. Habrás de comprender que, contra mi voluntad, son los sentidos y no la razón los que en un primer momento guían al visitante.

REAL SITIO DE EL PARDO

PALACIO REAL DE EL PARDO

Recuerdo la emoción de aquel día de 1976, cuando supimos, por los diarios, que su Majestad el Rey Don Juan Carlos I acababa de disponer que el Palacio de El Pardo se convirtiera en Museo de puertas abiertas. Lamenté no poder estar allí, en ese Madrid de siempre. De El Pardo no sabía más que lo que decían los cronistas y consignaban las guías. Posiblemente lo imaginé en mi infancia, con impotente curiosidad; lo volví a imaginar en mi primera juventud, lejano e inaccesible, cuando me aproximaba a la aldea de su nombre, dejando 15 km atrás la populosa Madrid de mis años escolares. Pienso que los montes de encinas lo volvían más impenetrable y lejano, pese a la proximidad. Supongo que me consolaba otra visión. A lo lejos, las primeras estribaciones de la Sierra de Guadarrama o el fluir del Manzanares o la excursión por esos pueblos que, hoy, quizá no pueda imaginar lo que son: Colmenar, Alcobendas, San Sebastián de los Reyes, Aravaca y Las Rozas, el Hoyo de Manzanares y Torrelodones, círculo limítrofe de El Pardo.

Antes que Aranjuez o El Escorial, El Pardo fue siempre preferido por los Monarcas castellanos para sus cacerías, como lo atestiguan las crónicas de los siglos XIV y XV y lo recuerdan las actuales. Enrique IV, devoto de la caza, amplía la obra iniciada en 1405 por Enrique III. De aquella Casa Real no hay huellas, pero el proyecto inicial estaría después en manos de Carlos V, quien concibió la construcción de un Palacio de dos plantas. En manos de su hijo, Felipe II, estaría la tarea de mejoras de El Pardo, terminadas hacia 1568, dos años después de que muriera el Emperador. Puedo imaginar cómo la obra del hijo se volvió más entrañable, pensando en lo que el padre no había podido desgraciadamente ver concluido. No escatimó esfuerzo alguno y pronto se vieron en El Pardo obras de Tiziano y El Bosco, Sánchez Coello y Antonio Moro. La decoración fue exquisitamente cuidada en lo que va de 1568 a 1569. Poco a poco, El Pardo empezó a asemejarse a los tradicionales Alcázares españoles (a los de Madrid y Toledo), sobre todo en su planta cuadrangular con torres en los ángulos y patio central.

Podría abundar en más detalles, pero ya estarás pensando —lector— que te describo lo que fue de El Pardo y no lo que empezó a ser más o menos en el siglo XVII, después del fatal incendio de 1604. La obra de reconstrucción estaría entre las iniciativas primordiales de Felipe III, conservando las características anteriores. Igual empresa acometería Felipe IV y a él se debe la construcción del Palacio de la Zarzuela, aparentemente de importancia menor pero que, con el tiempo, habría de ser valorado en su verdadera dimensión. Y tal es su valor, que es justamente allí donde se representaron aquellas obras con letra y canto que con el tiempo llevarían el nombre de "zarzuelas". Estamos a mediados del siglo XVII. Carlos IV, en el siglo siguiente, mandaría reconstruir el Palacete.

Durante el siglo XVIII, se producen más ampliaciones de El Pardo, y Carlos III hace lo suyo, al mandar unir la capilla Real con el Palacio, mediante un puente. El año 1772 es clave en la historia de El Pardo, pues es cuando se manda agrandar por orden del Monarca.

Ya desde los tiempos de Felipe II, el Palacio de El Pardo fue pensado para dar albergue a una insuperable colección de pinturas. De 1568 son los frescos que adornan el llamado Aposento de la Camarera, en la torre Suroeste del Palacio. Muchas fueron las modificaciones sufridas con el correr del tiempo. Evocar lo que tuvo dentro o lo que fueron sus llamativas decoraciones, es repasar la

Historia. Hay una historia del Palacio para el siglo XVI como la hay para el siglo siguiente. Es en 1604 cuando el azar quiso que un voraz incendio destruyera cuanto de valioso allí se contenía. Los salones fueron nuevamente decorados y se pudieron ver obras de Patricio y Eugenio Caxés, Bartolomé y Vicente Carducho, Juan de Soto, Fabricio Castello, Luis de Carvajal, Jerónimo de Mora y Francisco López, entre otros.

Durante el siglo XVIII, el empezar la nueva dinastía con Felipe V, no se olvidó la suerte de El Pardo. Se construyó la Capilla Real, que bajo el reinado de Carlos III quedaría unida al Palacio por un puente. Fernando VI pondría en el Palacio más cuidado que su padre, dedicado éste por entero a las obras de La Granja. Amplió la dehesa con nuevas adquisiciones de terrenos, mandó construir una puerta con tres entradas y verjas que daban acceso a la finca. Hoy aquella obra se conoce por el nombre de Puerta de Hierro. Carlos III compró nuevos terrenos, que aumentarían la extensión del dominio de El Pardo. Durante el reinado de Felipe III, el Palacio contaba ya con 63 salas.

Con Carlos IV, el Palacio se amueblaría con el gusto neoclásico de la época. Aunque pueda lamentarse uno de la ausencia de las magníficas pinturas que en épocas precedentes enriquecieron El Pardo, se consuela al pensar que el vacío fue llenado por una no menos magnífica colección de tapices, algunos flamencos del siglo XVII, otros, en su mayoría, provenientes de los telares de la Real Fábrica de Santa Bárbara, que había conseguido su más alta reputación en el Madrid del siglo XVIII. Esta colección de tapices es única en su género. Hay tapices bruselenses del siglo XVII (la serie "Batallas del Archiduque Alberto"), realizados en los talleres de Martin Reimbouts. Notable es la serie "Galerías", pero he de recordar que gran parte de la colección de El Pardo tuvo su origen en la citada fábrica de Madrid. Escenas campestres, genuinamente españolas; escenas populares flamencas, con su alegría festiva, tales son en especial los motivos de estos tapices, algunos tejidos para determinadas salas, con medidas concebidas para cada espacio. Aunque el azar fue nuevamente cruel (guerras del siglo XIX, testamentarías, etc.), hoy El Pardo puede exhibir más de 200 piezas, una de las más apreciables de su patrimonio artístico.

Podría continuar describiéndote suscintamente lo que, de monarca a monarca consiguió hacerse de El Pardo, pero me basta recordarte que desde Fernando VII hasta Alfonso XIII, el Palacio se vio enriquecido por nuevas obras y ornamentación, incluso después de situaciones desastrosas, como el final de la guerra de Independencia. En nuestro siglo, habría de recibir, tras los daños causados durante la guerra civil, nuevas restauraciones, para convertirse, en 1940, en residencia del entonces Jefe del Estado. Hoy, el Palacio Real de El Pardo, además de Museo, es Residencia de Jefes de Estado invitados oficialmente a visitar España

Esta es, a grandes rasgos, la historia de El Pardo. Abundantes son los textos que detallan con minucia las riquezas que contiene y los nombres de los artistas que contribuyeron a darle su grandeza de hoy. No está de más detenerme en la Casita del Príncipe y el Palacio de la Quinta.

CASITA DEL PRÍNCIPE

La *Casita del Príncipe* o la modestia arquitectónica. Así podría resumirte, en términos generales, la primera impresión que me ha producido esta edificación, destinada al entonces Príncipe D. Carlos y a su esposa María Luisa de Parma, Príncipes de Asturias. En todo el año de 1784 quedó terminada la obra, encargada al arquitecto Juan de Villanueva. Concebida como lugar de recreo, centro de tertulias y reuniones, no consta más que de una planta, con fachada de ventanas y un pórtico central de dos columnas. La modestia es mayor si se constata que fueron utilizados la piedra y el ladrillo como materiales de construcción, prescindiendo de todo adorno exterior. En 1796 se había terminado ya la decoración de la Casita, en la que se puso un empeño similar al puesto en otros palacetes, digamos los de El Escorial o Aranjuez. Pinturas de techos, estucos dorados y bronces y tapizado de muros dieron a su interior una noble calidad de época. Puedo imaginar el regocijo del ya Monarca Carlos IV al ver acabada esta obra, cuya modestia parece hacerse mayor cuando se mira desde los jardines del Palacio.

Como otras edificaciones de su género, se vio sometida durante algunos largos períodos al abandono o a la negligencia. Después de haber servido, durante más de un siglo, de lugar de recreo, lo que se deduce por la ausencia de dormitorios, fue, siempre, una pieza de notable importancia. Es preciso observar el contraste existente entre su modestia exterior y la rica decoración interna, no excesiva, en todo caso, si se tienen en cuenta algunas normas decorativas del siglo XVIII que la vio nacer. Sedas de Lyon, tejidos bordados, muebles de madera, pinturas de estilo pompeyano en los techos, constituyen, en su interior, un equilibrado conjunto de época, mucho más exquisito en los llamados Gabinete de Fábulas y Saleta Pompeyana.

Al acceder al Vestíbulo (una amplia habitación circular), vuelve a verse la predilección de los arquitectos y decoradores de aquel siglo por el mármol. En la siguiente estancia, el mármol es imitado por los estucos (de allí el nombre que se le diera: Salón de los Estucos), adquiriendo la ambientación mucha más riqueza con las esculturas en escayola, de estilo neoclásico y la enorme lámpara en cristal y bronce dorado. En uno de los salones (el llamado de Terciopelos), al que se accede por la derecha del Vestíbulo, hay constancia de un cuidado mayor en la selección de pinturas y otros objetos artísticos. Especial interés tienen las ocho pinturas de Lucas Jordán y el techo, debido a Mariano Maella, representación de la íntima relación mantenida por la Monarquía y las Bellas Artes. Otros detalles (el gran espejo de marco dorado instalado sobre la chimenea, el reloj de bronce dorado y los maceteros de Sèvres) dan a este salón un sello característico de la época, en la que el gusto neoclásico fue tan frecuente como animosos fueron los oficios de esmerados artesanos, creadores de muebles y objetos complementarios.

Siguiendo un recorrido nada complejo se descubre el Comedor, de muros tapizados con seda de fondo azul verdoso y techo pintado por Francisco Bayeu. Como en el anterior salón, también aquí se repite el tema de "La Monarquía Española en su protección y elogio de las Bellas Artes". Se asomó al rococó, sin caer en sus excesos, cuando se mira la gran mesa central en caoba, aunque siga primando el neoclásico de los muebles en blanco y dorado. Es la tónica de la llamada Sala Amarilla, mucho más pequeña que las anteriores, dominada prácticamente por las cuatro pinturas de Lorenzo Tiépolo, artista que tanto interés tuviera por los tipos populares españoles. Sin romper la armonía, el justo equilibrio del mobiliario sigue manteniéndose y es oportuno reconocer el cuidado que en esta obra puso el pintor decorador Vicente Gómez, que también intervino en la Pieza bordada al tambor, otra de las estancias del Palacete. Gómez tuvo presente las pinturas pompeyanas, como el ebanista José López el neoclásico de muebles, sillería y consolas que se suceden en casi todos los salones. Se dice, con razón, que es ésta una de las más bellas salas de la Casita del Príncipe. No sólo los bordados de Juan López de Robredo tienen particular interés. Las tapicerías, en blanco, amarillo y azul, ofrecen una serena alegría en la estancia, realzada por los dibujos de Vicente Gómez. El reloj Imperio y el jarrón de porcelana del Retiro, el techo de estuco blanco, azul y dorado y otros pequeños detalles crean un conjunto en el que la intimidad, con los años, habría de hacerse más placentera. No es difícil imaginar que, al mismo tiempo que se creaban obras de esta naturaleza y se las enriquecía con una decoración esmerada, no se estaba pensando sólo en un lugar de recreo sino también en la posibilidad de dejar a la posteridad un patrimonio artístico que tuviese el sello de sus inspiradores.

De una sala a la siguiente, de la Saleta de Sedas al Cuarto de Aseo, la idea matriz se mantiene intacta y sólo cambia la nueva variedad de objetos artísticos escogidos para el decorado. Del Gabinete de las Fábulas (los bordados llevan temas de fábulas de Samaniego, Esopo e Iriarte), verdadero juego de ingenio, hasta uno cualquiera de los salones recorridos con anterioridad, se me antoja pensar que para el relativamente pequeño espacio de la "Casita" se mantuvo cierto equilibrio entre el espíritu joven de los Príncipes y la serenidad clásica que correspondía a una obra de tal dimensión. En algunos de los muebles pueden verse grabadas las iniciales de Carlos IV y María Luisa.

Al salir de la Casita del Príncipe y alejarme hacia los jardines que me conducirán de nuevo al Palacio, doy la vista atrás y experimento la misma sensación que suele tenerse al ver edificaciones exteriores discretas, relativamente pequeñas. No puede uno concebir que, en espacio tan aparentemente reducido (acaso sea una ilusión óptica), se pueda dar cabida a interiores de variedad y riqueza tan considerable. Paseo por los jardines, abiertos hoy al público, antes de iniciar mi visita a *La Quinta*, con la que pienso cerrar mi reseña.

PALACIO DE LA QUINTA

Propiedad de don Alonso Fernández Manrique de Lara, Duque del Arco, La Quinta fue donada a los Reyes Felipe V e Isabel de Farnesio por la viuda de aquél. Corría el año 1745. La finca fue puesta en manos de don Juan Pizarro de Aragón al renunciar la viuda del Duque del Arco al título de Alcaidesa que quisieron darle los Monarcas, quienes proporcionaron al nuevo encargado los medios para su mantenimiento.

Esta es la escueta prehistoria de La Quinta, conjunto compuesto por el Palacete, Casa de Labor y espaciosos jardines con fuentes. Parece que no se puso mayor empeño en su mantenimiento durante los años siguientes. O tal vez no se valoró suficientemente su importancia. O, es probable que yo ignore o no haya podido hallar datos históricos que registren la trayectoria de La Quinta en años posteriores. Lo cierto es que, ya en nuestro siglo y en plena contienda civil, el Palacete —recuerdan los cronistas— había sufrido serios deterioros. Su restauración es, pues, reciente: ampliación entre 1963-1964, término de las obras en 1971. Teniendo en cuenta estos datos, puedo aceptar que el ennoblecimiento de La Quinta fue tardío. Que fue una labor meritoria su recuperación, lo atestigua el hecho de su importancia actual, indisolublemente ligada a todo el conjunto de El Pardo.

Su más reciente historia, una vez restaurado el Palacete, registra un hecho de gran relevancia: en 1974, La Quinta se convierte en sitio de audiencias oficiales del entonces Príncipe de España, hoy Su Majestad el Rey, Don Juan Carlos I.

Seguramente fue la restauración de los papeles pintados que contenía el Palacete, una de las tareas más árduas en la reciente empresa de recuperación. Es lo primero que se advierte al penetrar al Vestíbulo de forma circular. Los especialistas han insistido mucho en el uso del papel pintado en remplazo de otro tipo de decoración mural, como la seda o los tapices. Además de más económico, permitió un trabajo artesanal que, como el aquí exhibido, llegó a una magnífica depuración artística. Este material, nada despreciable, se pondría de moda en el siglo XVIII, sobre todo en tiempos de Fernando VII. Y es en La Quinta de El Pardo donde mejor puede apreciarse lo conseguido con este material, posiblemente traído de Francia. Tarea de restauración admirable fue ésta y el cuidado puesto en el mantenimiento de cierto sello de época debió de ser un esfuerzo considerable. Véase cómo el mobiliario, las pinturas y alfombras se corresponden con los estilos imperantes en el reinado de Fernando VII o, en el siguiente, de Isabel II. Es preciso detenerse en los muros, no sólo por el empapelado, sino también por las pinturas allí expuestas, desde el Anteoratorio al Oratorio, presidido, este último, por una "Purísima" pintada en tabla. La tónica del papel se mantiene en la siguiente saleta, llamada Saleta de Ángulo, como la anterior con sillería isabelina y una araña que volveremos a ver en el Palacio de La Granja. Son notables los cuadros de Francisco Javier Parcerisa y Fernando Brambilla, en los que se representan el "Claustro de la Catedral de Tarragona" y del "Salón de Cabras", respectivamente.

Si en la Casita del Príncipe era notoria la discreción, aquí ésta se hace más evidente, sin renunciar a una decoración que, pese a su valor artístico, no ofrece ningún exceso. El Despacho de Ayudantes, por ejemplo, con el retrato de Fernando VII realizado por Luis de la Cruz y Ríos, tiene también pinturas de Brambilla. El mobiliario Imperio se corresponde perfectamente con la sillería tapizada en seda amarilla y con los restantes objetos: mesa despacho, mesa de caoba con bronces dorados y lámpara de pie alto en caoba y tallas doradas. Todo esto es como una introducción al espacio más hermoso y relevante de La Quinta: La Cámara Oficial o Despacho del Príncipe de España. Curioso diálogo de España con sus antiguas colonias: escenas de paisajes de Méjico en época de la conquista permite que esta sección del Palacete sea también llamada de Hernán Cortés o de Moctezuma.

Curiosas mezclas en el vestuario de los personajes aquí representados: trajes del siglo XVI e imperio napoleónico con rasgos egipcios, como si el decorador, poco informado de las modas precolombinas de América, hubiese acudido a lo más exótico y ya no sólo del paisaje, que se pretende exuberante, sino de los mismos personajes. Sin embargo, olvidándose de la arbitrariedad o imprecisión, en la Cámara Oficial está la muestra más sorprendente del trabajo hecho sobre el papel. Los muebles, para evitar repeticiones monótonas, mantienen la tónica de los anteriores salones.

La Quinta es, repito, un sorprendente muestrario de cuanto pudo hacerse con el papel, tenido ya como material imprescindible en la decoración de paredes. Sólo los motivos van cambiando. Llegas a la Sala de Audiencias y observas cómo el papel de los muros simula cortinajes e, incluso, al plegarse, relieves. Hasta los zócalos están recubiertos por papel pintado. Todo ello para enmarcar un espacio en el que destacan, por ejemplo, seis figuras de bailarinas, las figuras de las Cuatro Estaciones y, sobre la chimenea central, el cuadro que representa a la Infanta Doña Isabel de Borbón, niña, "saliendo de paseo hacia La Quinta de El Pardo". Hallo otros retratos: los de la Reina Gobernadora, María Cristina, de la tercera esposa de Fernando VII, María Amalia.

Vienen después algunas saletas, algunas tapizadas con el conocido estilo pompeyano, con cuadros de pintores que quizás hoy no tengan relevancia pero que, en su anonimato, no desentonan dentro de la globalidad del decorado. La Saleta Rotonda, la Saleta de Paso (desde donde se puede ver la antigua Biblioteca), cuadros del siglo XVIII; la Saleta Encarnada, donde dos cuadritos con los retratos de Velázquez y Quevedo, amén de otros que se refieren a personajes familiares a la Corte, hablan tanto de la sobriedad como del encanto de toda La Quinta. Aquí está instalado el busto en mármol de la Reina Cristina de Borbón, madre de Isabel II. Volvemos a encontrar otra obra de Lucas Jordán: "Daniel luchando con el oso", nuevos cuadros de Brambilla, de considerable interés. Son paisajes de los Sitios Reales: El Escorial, Aranjuez, Madrid. Porcelanas de Sèvres, cristalería de Bohemia, vidrios esmaltados, cristales de La Granja. Finalmente la Saleta, que nos lleva de nuevo al Vestíbulo, después de haber recorrido por entero La Quinta.

A estas alturas de mi reseña, temo haberte fatigado con tanto inventario. Me consuela saber que, en el fondo, no te he estado dando sino piezas de un juego, tratando de que correspondan al todo. Salgo a la vasta extensión de El Pardo y evoco los versos de Juan Ramón Jiménez, en este atardecer primaveral que se me antoja, como en el poema, de otoño:

> *Aquí y allá, de pronto*
> *como cuando, en otoño, un árbol mustio,*
> *de golpe se deshoja;*
> *remolinos de súbita armonía,*
> *que no sé qué lejanas bocas puras*
> *cantan - oro - y luz -, surjen.*

He estado a punto, querido lector, de decirte que tanto en la Casita del Príncipe como en La Quinta, he sentido la plenitud de un orden romántico. ¿No fue el siglo XIX, acaso, siglo de románticos? Permíteme que cierre esta crónica con Espronceda, porque salgo de El Pardo al atardecer.

> *Densa niebla*
> *cubre el cielo*
> *y de espíritus*
> *se puebla*
> *vigorosos,*
> *que aquí el viento*
> *y allí cruzan,*
> *vaporosos y sin cuento.*

"Niebla" que he visto en Aranjuez, niebla que veo en El Pardo, "espíritus" generosos que no he dejado de ver en salones, saletas, jardines, cuadros y muebles..

EL ESCORIAL

Sobre el paisaje de El Escorial —escribió Ortega y Gasset— el Monasterio es solamente la piedra máxima que destaca entre las moles circundantes por la mayor fijeza y pulimento de sus aristas." Experiencia similar deben haber tenido, a su manera, quienes hayan visto, en panorámica, aquella "piedra edificada". Ortega, ante "esta luz castellana", ve El Escorial como un "pedernal gigantesco que espera el choque, la conmoción decisiva capaz de abrir las venas de fuego que surcan sus entrañas fortísimas". Y en su "Meditación de El Escorial", que leí siendo aún adolescente (me habían entregado un volumen de *El Espectador,* sugiriéndome su lectura), Ortega empieza preguntándose: ¿A quién dedicó Felipe II esta enorme profesión de fe que es, después de San Pedro, en Roma, el credo que pesa más sobre la tierra europea?

En el acta de fundación, el Monarca fue explícito: "El cual Monasterio fundamos a dedicación y en nombre del bienaventurado San Lorenzo, por la particular devoción que, como dicho es, tenemos a ese glorioso santo, y en memoria de la merced y victoria que en el día de su festividad, de Dios comenzamos a recibir". Esta "merced —recuerda Ortega— fue la victoria de San Quintín". De "uno de los actos más potentes de nuestra historia", califica el autor de *España invertebrada,* la erección de El Escorial. Debo seguir con Ortega: El Escorial sería creación del "alma continental" europea. "El monasterio de El Escorial es un esfuerzo sin nombre —prosigue—, sin dedicatoria, sin trascendencia. Es un esfuerzo enorme que se refleja sobre sí mismo, desdeñado todo lo que fuera de él pueda haber."

Mayor y más hermosa interpretación no he podido hallar antes de entrar en los detalles de mi crónica. Te veo, querido lector, volviendo sobre las páginas de Ortega. Yo, por mi parte, he de volver sobre los cuatro siglos que duermen en El Escorial, aquella maravilla que junto a la Sierra del Guadarrama justificaría, por sí misma, la posteridad de quien la ideó. ¿Por qué no recordar que Felipe II celebraba por lo grande la batalla de San Quintín, ganada el 10 de agosto de 1557 por los españoles? La devoción está en el origen del Monasterio, concebido inicialmente como Panteón Real. Veintiún años de empecinado esfuerzo dieron origen a esta grandiosa obra, desde que el arquitecto Juan Bautista de Toledo, primero, y Juan de Herrera, después, pusieran tanto empeño como el que había puesto el Monarca en su idea. Lo que bullía en la idea de Felipe II y sus arquitectos, era la magna obra de un magno momento: el Renacimiento. Habría de ser centro y "residencia" de cuanto en las artes y en las letras movieran los tiempos. De allí la pléyade de artistas y artesanos puestos en marcha en esos veintiún años de labor. Felipe II sabía, seguramente, que no erigía sólo un monumento: dialogaba con la posteridad.

Hoy, a más de cuatro siglos de su construcción, El Escorial no deja de producir tanta admiración como perplejidad. Es ésta la doble sensación que se tiene, por ejemplo, cuando se contemplan desde fuera sus fachadas, sobre todo la del Mediodía, la más hermosa de todas, erigida sobre los desniveles del terreno. Y si se tiene el privilegio de contemplar, en vista aérea, la monumentalidad de la obra, mucho más monumental nos parecerá cuando veamos "este inmenso plano formado por las lonjas y las terrazas" y, en el medio, la solidez del Monasterio.

El Escorial es tan inmenso como inmensa la curiosidad del visitante. Su Biblioteca, por poner otro ejemplo, es inseparable de sus pinturas, como éstas lo son de los Palacios, primero habitaciones concebidas para personas regias y su séquito. Palacio de los Austrias y de los Borbones, Sala de Batallas. Enumerar apenas estas partes, exige que sigamos concibiéndolas dentro del todo que es El Escorial. Cualquier reseña como la mía escapa a las exigencias del lugar. Al lado del Monasterio, grandioso, está el Palacio Borbónico y al lado de ambos el Palacio del siglo XVI, donde moriría el Rey Fundador. Cuando se recorra El Escorial, habrá que pensar en Felipe II, habrá que pensar en sus sucesores, que fueron fieles a la idea original del gran Monarca. El Escorial se fue haciendo en base a una suma continuada de lealtad. Este gigantesgo paralelogramo rectángulo que es el Monasterio, con cuatro torres de 55 m en sus ángulos, "cubiertas por chapiteles de pizarra rematados por una gran bola de metal", no dejará de llamar a asombro.

No pretendo abundar en descripciones históricas, que bien podrás hallar, lector, en abundancia, en textos de historiadores y en exhaustivas guías modernas. Valga pues esta somera introducción, debida a mi entusiasmo, antes de que me aventure en la descripción de dos obras "menores" pero tan indispensables a la unidad de El Escorial: la Casita del Príncipe y la Casita de Arriba, también llamada del Infante. Es como si, ante la grandiosidad del Monasterio y su inabarcable historia, me decidiera (como en Aranjuez o en El pardo, ¿recuerdas?) por la modestia de estas creaciones "menores", nada desdeñables, como podrás verlo, pues también con ellas la grandiosidad de la empresa se humaniza aún más. De más está decirte que la sola visión panorámica de la Casita del Príncipe, desde el jardín, me ha traído el recuerdo de su gemela de El Pardo o, ¿por qué no decirlo?, de El Labrador, en Aranjuez, aunque sean muchos los detalles que las diferencien. La grandiosidad al lado de la austeridad. El Monasterio al lado de estas "casitas", palacetes, en efecto, si el cariño no prefiriera nombres familiares. Casi dos siglos separan el Monasterio de estas nuevas creaciones. Y, pese a ello, el empuje creativo está en la idea de su creación.

CASITA DEL PRÍNCIPE

Son dos siglos de enorme significación en la historia de España. No es el esplendor del siglo XVI, esplendor que, con El Escorial, pone a España a la altura de las grandes creaciones del Renacimiento. Esta es una empresa más modesta, un lugar de recreo, no un altísimo testimonio de fe concebido como una fastuosa obra destinada a dar testimonio de la grandeza de un pueblo. La "casita" no es, como El Escorial, "uno de los actos más potentes de nuestra historia", como escribió Ortega. Está concebida por la humildad práctica: como casita de recreo para el entonces Príncipe de Asturias, heredero de la corona, conocido años después por el nombre de Carlos IV. No se alza, con su imponencia de siglos, dominando la vista. Se esconde en el fondo de un jardín.

En la parte oriental del Monasterio de San Lorenzo, mandó pues Don Carlos que se hiciese, por su cuenta, esta casita y para ello acudió a su arquitecto, Juan de Villanueva. Había que decorar la obra, eso sí, con cuanta creación artística dispusiese: pinturas, muebles, relojes, tapices y alfombras de la Real Fábrica madrileña; lámparas, porcelanas (en este caso una verdadera colección de 226 con fondo azul y relieves en blanco en forma de pequeñas placas), cuadros de marfil deliciosamente tallados y otras figuras del mismo material.

Juan de Villanueva construyó el edificio en granito gris, en forma de T, constituido por una torre cuadrada central "a la que se adosan por tres de sus lados tres brazos rectangulares". Desde el jardín podía verse la discreción de la Casita. Pero, dentro de su discreción, llama la atención el pórtico saliente, con cuatro columnas toscanas. Por aquí se accede al interior del edificio. Una a una, pequeñas habitaciones se suceden dentro de la Casita. Contrariamente a lo que se dispuso en su gemela de El Pardo, aquí las paredes no fueron tapizadas con papel pintado sino con finas sedas bordadas, correspondientes a la época de Carlos IV y Fernando VII. Para hacer frente al deterioro sufrido en el presente siglo, se restauraron, en época reciente, con estilos neoclásico e imperio que estuvo tan en boga en el siglo XVIII. También a este siglo corresponde el gusto por las bóvedas pintadas al estilo pompeyano. Cada sala tiene la suya, con diversos motivos, obra de Juan Duque, Manuel Pérez, Felipe López y Jacinto Gómez Pastor. Ferroni tuvo a su cargo el decorado de los techos del comedor. El mármol de los suelos, con también discretas lozas y losetas en blanco y negro, es tónica general en cada una de estas estancias, excepto en las salas llamadas "de maderas finas".

Durante la invasión napoleónica, la Casita habría de sufrir daños y desperfectos lamentables. La Casita Real perdió así objetos valiosos, como suele suceder en circunstancias como aquélla. El pillaje es irremediable. Al empeño de Fernando VII se debió la recuperación del prestigio que en décadas anteriores había adquirido la Casita. Pensaba en su padre, Carlos IV, para quien un lugar de solaz como aquél era imprescindible. Pero el siglo XIX, más ostentoso, volvía casi irrepetible la decoración anterior. De allí que parte de la nueva decoración se acogiera al gusto Imperio. Volvió a ser La Casita un lugar de recreo, adornado por obras de arte, nuevas y antiguas. Los cronistas cuentan que durante el mandato de la Reina Gobernadora, María Cristina de Borbón, viuda de Fernando VII, la Casita debió de desprenderse de algunas valiosas obras de arte, pues se temía a las facciones que operaban en la provincia de Toledo. Estas obras pasarían a engrosar el patrimonio de El Prado, llamado entonces Real Museo de Pinturas.

Cuanto heredaríamos de aquel lugar, fue lo conseguido en estos dos momentos. Durante casi todo el siglo XIX, La Casita del Príncipe fue a medias desatendida. Ninguna nueva obra de valor o decoración fue hecha en sus interiores. El último Monarca que volvió los ojos a la amada Casita, que tanto habían mimado Fernando VI y Carlos IV, fue Don Alfonso XIII. Por orden suya se restauraron los techos.

Pese a estos accidentes del tiempo, que van del entusiasmo de la fundación a cierta negligencia ulterior, La Casita se muestra hoy como lo que realmente fue en el momento de concebirse: un sitio placentero, entre jardines y arboledas, una edificación cuya decoración no enseña un objeto que no sea auténtico.

No es larga, aunque sí deleitante, la visita a la Casita, que se inicia por el Vestíbulo, antes de pasar a la primera sala, donde una apreciable colección de cuadros de Lucas Jordán recrea asuntos mitológicos, religiosos e históricos, como el *Rapto de Prosperina por Plutón,* y el *Rapto de las Sabinas.* En esta sucesión de pequeñas salas pueden admirarse, por ejemplo, el naturalista *Bodegón de la sandía,* de López Enguídanos (segunda sala), nuevas pinturas de Lucas Jordán (en la tercera), pintor italiano del siglo XVII y a quien el Monarca fundador tuviera ilimitado aprecio. De otra manera no se explica que aquí se guarde una de las mejores colecciones de su obra.

El Comedor es, con todo, de una suntuosidad excepcional. Al tapizado de muebles y paredes, a la bóveda decorada con estucos en blanco y oro (debidos a Ferroni), se añade una nueva colección de cuadros de Lucas Jordán destacando su lienzo *Muerte de Juliano el Apóstata.* El estilo Imperio domina, como en casi todo el mobiliario de la Casita. Aquí, en este Comedor, se exhibió la gran vajilla donada a Fernando VII.

Como se ha iniciado la visita desde el Vestíbulo hacia la izquierda, al concluir la primera ronda se vuelve al Vestíbulo y se penetra por la derecha, hacia nuevas pequeñas habitaciones, en las que destacan los cuadros de Corrado Giaquinto, todos de motivos religiosos. El mismo artista se encargó de realizar copias de las pinturas de la escalera del Real Palacio de Madrid, expuestas en el ala derecha de la Casita, cuya visita he de concluir para conocer la Casa del Infante o Casita de Arriba.

CASITA DE ARRIBA

Fue también don Juan de Villanueva el que, por encargo de Gabriel de Borbón, hermano del Príncipe de Asturias, emprendió las obras de construcción de esta Casita, según modelo de la del Príncipe. Su modestia exterior es, indudablemente, mayor. La fachada principal lo corrobora. Se trata de un solo cuerpo, de una planta cuadrada, construido en piedra granítica, igual al material usado en la del Príncipe. Las columnas jónicas del pórtico son menos llamativas que las de su gemela y tal vez sean estos detalles los que la singularizan, pese a haber sido concebida por el mismo arquitecto y de haber tenido usos muy parecidos, sobre todo el de residencia veraniega. Para ello sirvió hasta la época de Fernando VII.

La Casita del Infante está rodeada de un jardín de bojes y junto a este jardín se construyó un gran estanque. Me resulta demasiado árduo detenerme en la descripción de su ornamentación. Baste decir que las habitaciones están distribuidas alrededor de un salón central, en el que destacan el Despacho y un ángulo de la Saleta en el que el gusto Imperio de los muebles me hace pensar que fue el preferido en aquél cambio de siglo (del XVIII al XIX). No se renunció a la pintura de motivos religiosos. Restaurada recientemente, pues con mayor gravedad estuvo sometida al abandono, la Casita de Arriba o del Infante ha vuelto a recuperar su fisonomía original, al ser enriquecida con muebles, cuadros que antiguamente habían sido expuestos aquí, lámparas y arañas de cristal tallado y otros objetos. Se ha renovado el tapizado. Cuando uno recorre sus habitaciones se explica el por qué del celo puesto por el Infante en la erección de este rincón veraniego. Aunque rápida, la visita se vuelte reconfortante. Se piensa en la apabullante presencia del Monasterio de El Escorial. Se sale a los jardines o se reposa al pie de la amable alberca y el paisaje se vuelve más relajante. Viajero por Castilla, don Antonio Machado debió de haber participado del esplendor de estos rincones. Acaso no haya estado aquí. Pero he de imaginarlo al repasar sus versos de exaltación al paisaje castellano.

> *Encinares castellanos*
> *en laderas y altozanos,*
> *serrijones y colinas*
> *llenos de oscura maleza,*
> *encinas, pardas encinas;*
> *¡humildad y fortaleza!*

¡Humildad y fortaleza! Éstos son los distintivos de estas dos "Casitas", me digo antes de volver al esplendor de siglos de El Escorial.

PALACIO REAL DE LA GRANJA DE SAN ILDEFONSO

Nuevamente, imposible resistir la tentación de la historia, pues si un lugar, entre los Reales Sitios de España, merece que se recuerde su pasado, ese es San Ildefonso. Tendré que remontarme, pues, a aquél año de 1450, cuando Enrique IV mandó construir una ermita dedicada a este santo. Se dice que lo hizo para agradecer el haberse librado de un riesgo mortal corrido en una de sus cacerías habituales. Pronto la ermita, y su casa contigua, pasó a manos de los Jerónimos del Parral, cedida por los Reyes Católicos. Los monjes, después, construirían una casa-hospedaje (aún se conserva el claustro), dando origen así al pueblo y a su nombre de La Granja.

Felipe V, hacia 1720, quedó encantado con aquel lugar, cuya historia de casi tres siglos era entonces poco menos que irrelevante. El Monarca compraría al pueblo del Parral y, luego a la ciudad de Segovia una parte de los montes de Valsain. En 1721 se iniciaban las obras del Palacio, que habría de ser bendecido el 17 de julio de 1723. Un año más tarde, San Ildefonso será el sitio desde donde Felipe V expedía el Decreto de abdicación en favor de su hijo, Don Luis. Tuvo, sin embargo, el cuidado de reservar para sí y la Reina el Real Sitio y Palacio. En 1725 habría de levantarse la capilla de Palacio. En 1746 sería depositado en el antiguo panteón, mandado construir por su hijo Fernando VI. Carlos III será, no obstante, el que mayor empeño ponga en la construcción definitiva del Real Sitio. En efecto, en 1761 compra a la ciudad de Segovia gran cantidad de terreno y amplía y da término a las obras proyectadas. San Ildefonso será, en el futuro, centro de fechas históricas memorables. Allí se celebran, en 1765, los esponsales del Príncipe de Asturias Don Carlos (después Carlos IV) con Doña María Luisa de Parma. Un año después, los restos mortales de Doña Isabel de Farnesio reposarán al lado de los de su esposo, Felipe V. En 1783 nacen en el mismo lugar los Infantes gemelos Don Carlos y Don Felipe Francisco. En La Granja se firmará, en 1796, el tratado de alianza ofensiva y defensiva entre España y Francia contra Inglaterra y allí mismo tendrá lugar la firma del tratado secreto (1800) entre el Gobierno español y el cónsul Bonaparte. A Fernando VII se deberá el enriquecimiento posterior del Real Sitio, encargándose de hacer traer a éste, su sitio predilecto, obras de Aranjuez,

Madrid y El Pardo. Un año clave en la historia de España y de La Granja: la Reina Cristina, presionada por la sublevación de la guarnición del lugar (1836), firma el Decreto que pone en vigor, efímeramente, la Constitución de 1812. Se llega a la fecha fatal de 1918, cuando un violento incendio (fatalidad de la que, en diversos períodos, no escaparán algunos de los Reales Sitios de España) destruye gran parte del Palacio y obras de arte allí expuestas. Nada que no sea conocido en nuestra Historia podría añadir después de esta brevísima reseña.

Me sorprende volver a encontrar un tópico tan viejo como tercamente renovado: el Real Sitio de San Ildefonso habría tenido su origen, en la mente de Felipe V, por la nostalgia que éste sentía por Versalles. No puedo concebir que sea del todo cierto ni aceptar que su arquitecto, Teodoro Adermans, haya tenido presente tal idea, nostálgica y poco probable. Saliendo de Madrid en dirección a Guadarrama me preguntaba sobre esta clase de especulaciones y nada más entrar en La Granja llegué al convencimiento de que, a veces, cronistas e historiadores prefieren la facilidad de las asociaciones, el prurito de las "influencias" a la tarea más sencilla y auténtica de desentrañar el espíritu de una empresa. Esta residencia estival de los Borbones durante los siglos XVIII y XIX, es, en realidad, un monumental Palacio que debe más a la tenacidad de sus creadores y a las sucesivas empresas de los Monarcas españoles, que a un punto de referencia nacido de la nostalgia o la competencia.

Quien haya tenido la temprana oportunidad de recorrer estas tierras castellanas, recordará el camino trasegado de Madrid a Ríofrío, de aquí a Segovia. Yo recuerdo mi modesta reflexión sobre San Ildefonso: "El tiempo nos ha vuelto, como se dice, retraídos y poco conscientes de lo que hicimos en nuestros grandes momentos. Espero que los españoles sepan un día que obras como El Escorial o La Granja, como *El Quijote* o *Los sueños*, prolongan nuestra identidad por encima de los tiempos". Esto más o menos venía a decirme en instantes de exaltación y del más justo orgullo español. Me impuse recorrer, en una ruta imaginaria, los lugares que hoy recorro como si fuera la primera vez. Y cuando, en estos días, veo el gigantesco cuerpo de La Granja, la imponente fachada, el centro con su orden único de columnas y pilastras compuestas, las cuatro columnas que sirven de base al ático que corona la balaustrada de este Real Sitio, es como si materializara con la visión lo que había sido apenas una vaga idea de la grandeza, no siempre explicable con las palabras.

Me maravilla la visión de la Colegiata, de elegante cúpula elevada y torres, hermanada con el gran Palacio. La visión de esculturas y cuadros me trae a la memoria la gestión de Isabel II, a quien se debe parte del enriquecimiento artístico del lugar. Y a medida que me adentro en esta casi insuperable obra, en la sala del Panteón, por ejemplo, comprendo el motivo de nuestro orgullo tanto como el empecinamiento de quienes concibieron San Ildefonso. Las dieciocho hectáreas que cubren calles y plazoletas que cruzan los jardines, no pueden ser sino prueba de la magnificencia de la obra.

Estos jardines, obra de Renato Carlier y Esteban Bouletou (nombre éste asociado al de otros Palacios Reales españoles) tienen la sorprendente extensión de 146 hectáreas, de las que 67 son específicamente bosques. Y es en estos jardines y en sus fuentes donde quiero detenerme, pues ellos constituyen "el mayor encanto de La Granja", según lo han escrito Quadrado y Lafuente, dos de sus más entusiastas cronistas. Debieron, estos cronistas, sentir la fibra del lirismo, superior a ratos al del escueto dato documental: *"Donde más gallardamente resultan las representaciones mitológicas es a la sombra de las tupidas alamedas y al son bullicioso de las cascadas, donde lo blando y voluptuoso de las impresiones, encadenando los sentidos, evoca con atracción irresistible las risueñas imágenes de dríadas y silvanos de las innumerables fábulas de ninfas y semidioses que pueblan de mil encantos el Olimpo griego".*

Quizá sea excesivamente lírica la exaltación hecha por estos dos estudiosos de San Ildefonso, pero la verdad es que ese "mundo de estatuas", da vida al recinto, se asoman casi intemporales en cada recodo. Calles, plazoletas y *parterres* de flores; jarrones, asientos y las sendas trazadas entre fuente y fuente, enmarcan el Palacio y lo ennoblecen. Aquí, esfinges y grupo de niños; allá, una cascada, como la maravillosa cascada Nueva, con su estanque circular y las Tres Gracias sostenidas por tritones; más allá, dos graderías de mármol, con vasos y figuras, y la cascada que me conduce al cenador. De sorpresa en sorpresa me topo con la fuente de Eolo o con la serie de fuentes bautizada comúnmente como "carrera de caballos". De las plazuelas salen nuevas fuentes. Retengo en el recuerdo la de Cupido agarrado a la cornucopia; la de la boca de un pez "que juguetea con una ninfa, desparramándose en cristalino abanico". De fuentes a estanques. El carro de Neptuno, el monstruo marino, el Apolo maridado con la diosa de la Sabiduría y la serpiente Pitón.

Aceptarás, lector, que pierda el sentido de la orientación, pues en ningún momento me he propuesto la redundancia de escribir una guía. Sólo he querido reproducir, aunque sea superficialmente, la sucesión de imágenes que va dejando mi visita a jardines y fuentes de San Ildefonso. Llego a la espléndida ría que, antes de partirse en dos, dibuja seis cascadas y he aquí que me encuentro con ocho estatuas, representación éstas de los cuatro elementos y cuatro géneros de poesía, estatuas que parecen ceñir por la cintura un gran estanque circular, en cuyo centro se levanta la estatua de Andrómeda enfrentada al desafiante dragón, fauces abiertas y en actitud ofensiva. Y a su lado están Perseo y Minerva y el artificio de un chorro que se alza hasta altura increíble. Flores y frutales. La fuente de Pomona, en un ángulo del Palacio.

Llegar al lago, hacia el extremo oriental, es, como con justicia se ha dicho, llegar a la semejanza del mar. Así se llama este soberbio lago: del Mar. De los montes recibe su caudal y de él se nutren las fuentes. El hecho de que el lago esté en lo alto de los jardines, estimula aún más su importancia. Me detengo en la fuente del Pino, como escondida en la densidad del follaje. Bajo hacia la plazuela de las Ocho Calles, con su estanque de mármol. Saturno, Neptuno, Ceres, Marte, la Paz, Hércules y Minerva. Surcadas de surtidores, las estatuas son testigos del paso del tiempo y de la inmovilidad de la belleza. Ocho calles y ocho fuentes. Simetría sobrecogedora. Fuentes de los Dragones, la calle Larga que lleva desde la fuente de las Tres Gracias hasta la de Letona y el corte que producen en las ocho calles. En esta encrucijada de fuentes, surtidores y estatuas, de pronto uno se encuentra con la Fama, montada en el alado Pegaso. A los pies de la Fama, la Envidia, el Error, la Malignidad y la Calumnia. Es sorprendente cómo el mundo clásico, en sus representaciones escultóricas, convierte formas en evocación moral. En obras de esta naturaleza comprendo por qué, desde los inmemoriales tiempos primeros del arte, la belleza fue también una forma de ética.

Debo añadir que no todas fueron fuentes inspiradas por arquitectos o artesanos. En San Ildefonso, la naturaleza también puso su pequeña parte y prueba de ello son las fuentes del Pino, la del Rey, la fuente Fría y la que emana debajo de la meseta del lago del Mar. La naturaleza es transformada por la imaginación del hombre pero, terca, también ella se entremete en la obra imaginaria. El arte no la imita ni ella imita al arte. Se complementan, se modifican una y otra. El paisaje natural es retocado, el curso del delgado río es desviado, la topografía obliga al hombre a crear formas que no la adulteren, pero cuando el hombre, en su tarea creativa, tropieza con un escollo, lo salva modificando las formas primarias de la naturaleza. Al Palacio de San Ildefonso se le suman sus jardines y fuentes. Y dentro del palacio, artistas y artesanos hablan con el tiempo, con los estilos de su época y con los otros estilos, los de siempre.

Aquí, en lo que serían Palacio y Jardines, debió vivir su pesadumbre y devoción Felipe V. Carlos III conduciría a su esplendor este Real Sitio y casi nada de considerable valor añadirían sus sucesores. San Ildefonso ya estaba en condiciones de ser sede y lugar de acontecimientos felices y luctuosos.

Mención aparte merece, en La Granja, el Museo de Tapices, ubicado en el ala noreste del Palacio. Arduo resultaría recorrer, una a una, las doce salas que albergan esta muestra, una de las más bellas de Europa. De sobra es conocido, sin embargo, el empeño que desde el siglo XVI pusieron los Monarcas, desde Carlos V hasta los Borbones de los siglos XVIII y XIX, en la adquisición de tapices, muchos de ellos provenientes de Bruselas.

El nombre de Pierre van Aelst, tapicero de la Corte de esta ciudad, está asociado a las primeras y más ricas piezas del género llegadas a España. Debemos, pues, detener nuestra curiosidad en la amplia galería ornada con nueve inmensos tapices, poblados de personajes y alegorías, algunas poco conocidas. Esta sala, que destaco, querido lector, por ser la de mayor relevancia entre las demás, ofrece la preciosa serie *Los Honores*, compuesta por nueve tapices, como decía líneas antes. No pocos son los investigadores que, aún hoy, discuten el origen de los mismos. Según documentos fide-dignos, fueron adquiridos en Sevilla, después de que el célebre van Aelst se desprendiera de ellos por dificultades económicas. La pequeña historia de la compra se habría realizado en 1526, siendo su nuevo propietario el Emperador, que acababa de contraer matrimonio con Isabel de Portugal. En 1527, con motivo del bautismo de su hijo, Felipe II, los tapices fueron mostrados a la Corte. En adelante, con el paso de los años, se puso un cuidadoso celo en su mantenimiento, hasta el punto de llegar a nuestros días en las magníficas condiciones que podemos hallarlos en La Granja. A artistas españoles correspondería, en el siglo XVIII, la última restauración, concretamente a la Real Fábrica (de tapices) de Santa Bárbara.

Como el nombre de la serie indica, se trata de grandes creaciones con un tema central, ilustrado con innumerables alegorías e imágenes. La moral es aquí objeto de ilustraciones que, como en los más exigentes artistas flamencos, va de figuras en primer plano a casi infinitas representaciones que acaban ocupando el espacio entero del tapiz, como si de una multitudinaria puesta en escena se tratase. Difícil faena colocar los tapices en un orden relacionado con sus temas. Pero allí tenemos la magnificencia de La Fortuna (imagen creada por Boecio), "símbolo por excelencia de la historia dinástica". En este tapiz aparece la fecha de 1520, año de mayor apogeo del Emperador. La Prudencia es otra de las alegorías, como lo es la Sabiduría divina, a la que se añaden las siete Virtudes. Ocupando el centro se encuentra el Honor, pieza que da nombre al conjunto. Fue éste el tapiz que —enviado como muestra— decidió a Carlos V por la compra de la serie. Como en los anteriores, a la proliferación de imágenes alegóricas corresponde un orden casi argumental, perfectamente descifrable. Haciendo pareja con las siete Virtudes se encuentra la Fama, principio ambivalente como la Fortuna: "las acciones de los hombres ilustres son buenas o malas, lo que les vale una buena o mala fama", nos recuerda hoy el especialista Guy Delmarcel. También relacionado con las Virtudes aparece la Justicia, el tapiz número 7 de la serie. La alegoría es enriquecida por ejemplos mitológicos. El tapiz número 8 representa la Nobleza. Puede decirse que, con la pieza número 1 (la consagrada a La Fortuna), ésta es la que presenta más explícitas referencias a la consagración imperial de Carlos V en 1520. La nobleza teológica, la nobleza natural y la nobleza civil están aquí alegorizadas en imágenes religiosas e históricas. Finalmente, la serie se cierra o completa con el tapiz consagrado a la Infamia. Y un detalle curioso: aparece el personaje del Autor que, como en obras de este género, nos parece decir que lo que se ha contado es una moralidad. Y, en efecto, la serie lo es, de una exquisita composición, de una perfecta armonía entre el dato mitológico y el religioso, el histórico y el ético. La riqueza iconográfica nos exige mirar con detenimiento cada tapiz y, aún así, intentar una interpretación, por lo cual esta visita se vuelve realmente excitante. Es entonces cuando pensamos en su inigualable grandeza.

PALACIO REAL DE RIOFRIO

Nuevamente, debo remitirme a la Historia, pues de la mano de un controvertido personaje del siglo XVIII nace la idea de la construcción de este Real Sitio. Isabel de Farnesio, ya viuda de Felipe V, teme que su hijastro en el trono, Fernando VI, la aleje y finalmente prive del privilegio de vivir en La Granja. Desea fervientemente hacerse a un lugar donde sus privilegios no se vean mermados ni amenazados. Es así como concibe la idea de construir lo que acabaría siendo el Palacio Real de Riofrío, donde antes estaba la dehesa y coto redondo del Marqués de Paredes.

En 1751 se firma la escritura de compra y, contra lo temido por Isabel de Farnesio, es el propio Fernando VI el encargado de convertir el coto en un singular sitio, para disfrute de su madrastra. En los primeros años que siguieron a la compra, los proyectos ambiciosos de Isabel no acaban de cuajar. Quiere algo similar a La Granja de San Ildefonso o a El Pardo. Desea un gran Palacio, con todos los anejos de rigor. Es en 1759, tras la muerte de Fernando VI, cuando se materializa en parte su descomunal sueño. De este sueño quedaría el Palacio Real.

Mírese desde donde se mire, aquel proyecto no sería escenario, en los años siguientes, de ningún acontecimiento histórico de importancia. Convertido en "pabellón de caza", fue sólo en ocasiones lugar de recreo de los sucesivos monarcas. Sólo Alfonso XII lo convertiría en uno de sus lugares preferidos, sobre todo a partir de 1878, tras la muerte de la reina Mercedes. Pero miremos un poco hacia atrás, pues tampoco, a la muerte de Isabel de Farnesio, el gran edificio de Riofrío habría de sufrir modificaciones. Por el contrario, parecía destinado a ser depósito o almacén de otros Palacios. Con Isabel II se decorarían algunos salones, aunque su función continuó siendo invariable: servir de cobijo en las partidas de caza celebradas en el lugar. Las riquezas que contenía en sus interiores serían trasladadas a otros Palacios.

¿Qué es entonces el Real Palacio de Riofrío? Hemos de recordar, querido lector, que se distingue por su forma cuadrada de 84 metros de lado y cuatro fachadas casi iguales. Sus paramentos con mampostería de color rosa dan a estas fachadas, no obstante, un encanto especial. Y si se piensa que cada una consta de un cuerpo central entre dos laterales, pensaremos en, por ejemplo, el Palacio Real de Madrid. Tres pisos conforman la altura del Palacio Real, sobresaliendo el primero, con dieciseis ventanas, abiertas a la "planta noble", que registra mayor altura. Un detalle de importancia lo constituye la fachada coronada por un entablamento de piedra, sobre el cual corre la balaustrada.

No por modesto el Palacio Real de Riofrío es menos significativo. Y es justamente por su significación por lo que ha formado parte de nuestro itinerario. Aún antes de adentrarnos en el Palacio, queda la impresión imborrable de su fachada rosa, el equilibrio simétrico que a la distancia imponen sus ventanas y balcones. Y de sus interiores, igual impresión nos queda de su Capilla, de estilo palatino, o de su Escalera, con justicia considerada una de las más completas de los palacios reales españoles. No menos rico y memorable es el Museo de Caza del Palacio Real de Riofrío, concebido en años recientes para dar cabida a una fantástica evocación del género, con reproducciones de pinturas en las que se evocan escenas de caza, a pie o a caballo. En este Museo veremos escenas de caza donde aparecen gamos, corzos, urogallos, rebecos, osos y jabalís, pero también trofeos de diversa procedencia real. Tapices, pinturas y armas se coleccionan en estos espacios. Cuando el visitante sale de ellos y se aventura, no ya en las imágenes reproducidas sino en la misma realidad del Real Bosque de Riofrío, entonces su visión del lugar se hace más completa y enriquecedora. Es el otro, vivo paisaje, necesario a una más acabada visión del Real Sitio.

Al pie de la montaña de la Mujer Muerta, que se cubre de nieve la mayor parte del año, veremos entonces grandes encinas, excepcionales en la comarca de Segovia. En sus laderas crecen el álamo, el fresno y el enebro. Surcada por riachuelos, la montaña tiene una irregularidad impresionante, que debió de ser motivo de exaltación para los cazadores. Y es éste el marco privilegiado que rodea, por completo, al Palacio Real de Riofrío, al Museo de Caza antes aludido. Si dentro está la representación gráfica del mundo de la caza, fuera, tanto el paisaje como la rica variedad de animales vivos, convierten el lugar en algo excepcional. No podemos olvidar que en estos predios se pasean libres animales de tan variadas como raras especies.

Para el aficionado a la caza o para el simple visitante, ver en el Museo de Caza la representación de tan diversas especies animales, es motivo de satisfacción y, acaso, de asombro. Porque uno no puede menos de asombrarse ante los dioramas que ambientan los salones del Museo. Allí están representadas especies de caza mayor y menor. Recordamos venados y anades, rebecos y corzos, capras hispánicas y avutardas, urogallos y buhos reales, grullas y águilas reales, zorros y buitres, osos y azores, además de faisanes, linces, palomas, liebres, conejos y tantos otros animales que recuerden, desde la superficie de estos preciosos dioramas, a cuanta especie animal exista en España.

El Palacio Real, el Museo de Caza y el soberbio paisaje del entorno, con su magnífica reserva animal, convierten Riofrío en un insoslayable lugar de visita.

PALACIO REAL DE LA ALMUDAINA

Al-mudayna: ciudadela. Así debe empezar la evocación de esta formidable obra, levantada al fondo de la bahía de Palma de Mallorca. De lo que fuera en tiempos de los gobernadores musulmanes, queda su parte más antigua: vestigios de la primitiva fortaleza. Es preciso imaginarse el mar a sus pies, su privilegiada posición de centinela. Y aún con los vestigios de lo que fuera, dispersos aquí y allá, ver detrás de estas huellas el sello de su origen. Si la Almudaina evoca la presencia árabe, suscita inmediatamente otra idea: la escuetamente histórica. Y es que a partir de 1229, cuando catalanes y aragoneses conquistaron la isla, empezaría la otra fase de su historia. A Jaime II se debió el empeño de hacer de la antigua fortaleza la residencia de su Corte. Y para ello fue preciso que se emprendieran obras, que se hiciera de la antigua fortificación un Palacio acorde con las necesidades de una residencia real. Así, poco a poco, en el que fuera alcázar moro se instalaron las habitaciones del Monarca, además de la Sala del Consejo y la Tesorería. De la mano del escultor Camprodón vendría la construcción de la sugestiva veleta, en forma de ángel, erigida sobre la torre más alta. La magnificencia de la Almudaina es obra de elementos sabiamente añadidos. Pronto estarían acabadas la Sala o Palacio mayor, con ventanas ajimezadas y arcos góticos que la cubrieron. Aquí tenían lugar los actos más solemnes y tuvo su sede el Tribunal Supremo de Justicia. Para las ceremonias públicas, se abría el ala oriental al patio por una arquería. La "Almoyna", en el lado norte, era una de las varias dependencias construidas después.

En 1310 se fundaría la Capilla principal o del Rey, dedicada a Santa Ana. Es preciso detenerse en la decoración escultórica de esta Capilla, como en los diversos objetos que proceden del siglo XIV, todos ellos de culto. En la monumental empresa habría que tener en cuenta el grupo de habitaciones centradas en el segundo patio, que fue llamado del "surtidor". Aquí estaba el palacio de la Reina (o de las mujeres), mirando hacia el "Huerto del Rey". A los originales elementos árabes se sumaron elementos góticos. La historia seguía pasando lentamente sobre La Almudaina. En el siglo XIV, hacia 1350, el Palacio sería sede de diversos organismos. El Reino de Mallorca se había incorporado, primero, a la Confederación de Estados de la Corona de Aragón y, después, a la España unificada.

No escapó La Almudaina a los accidentes, como el sufrido por los techos de la Sala Gótica, que se hundieron en 1578 después de haber sido, ésta, sede, desde 1571, de la Real Audiencia. A estos accidentes se debieron las transformaciones que sufriría con el tiempo, perdiendo en parte sus características originales. Pero la estructura original se conservaría, por fortuna, y lo que llamaríamos mestizaje (superposición de estilos), antes que degradar no hace más que enriquecer e imprimir un sello de singularidad al Palacio.

Cuando se recorre el Patio de la Reina, se pueden ver los restos de las primitivas construcciones romanas y árabes. Sucesión de diversos momentos: en la Capilla Real, por ejemplo, dentro del conjunto gótico, no faltan las muestras románicas. La capilla flamígera de los Pelaires muestra una monumental reja del siglo XV y, casi como una excentricidad (que no lo es), se ofrece al deleite y la curiosidad la piscina lavatorio concebida por los colonizadores romanos y musulmanes. Estas no son sino observaciones de paso, amable lector, pues de intentar una más amplia descripción de La Almudaina habría que evocar tiempos y obras, minucias añadidas y vestigios originales que permanecieron. Volver al ya mencionado Patio Principal o del Rey, a su capilla de una sola nave. O, ya fuera, detenerse en una de las puertas y ver La Almudaina desde cualquiera de sus ángulos, desde la fachada oriental, por ejemplo, con mirador de estilo gótico. Sentir la proximidad de la Catedral de la Ciutat de Mallorca a la vez que se vuelve sobre la Almudaina, imponente siempre, en la visión o en la memoria. Y allí, en la memoria, estarán el Salón del Trono y la tenue luz que se filtra por su ventanal, las bóvedas de crucería del mismo. Estarán también la "Sala o Palacio mayor", con su arquería ojival, o las habitaciones de la planta segunda, donde queda el arco ojival del primitivo salón gótico. Estarán los tapices de la serie llamada "de galerías", que uno ha contemplado en el Comedor de Gala. Y, en la visión o en la memoria, La Almudaina, en su totalidad o en sus detalles, seguirá siendo la obra magnífica emprendida desde aquel remoto año de 1343, cuando se empezó su restauración por orden de los Reyes de Mallorca.

Oscar Collazos

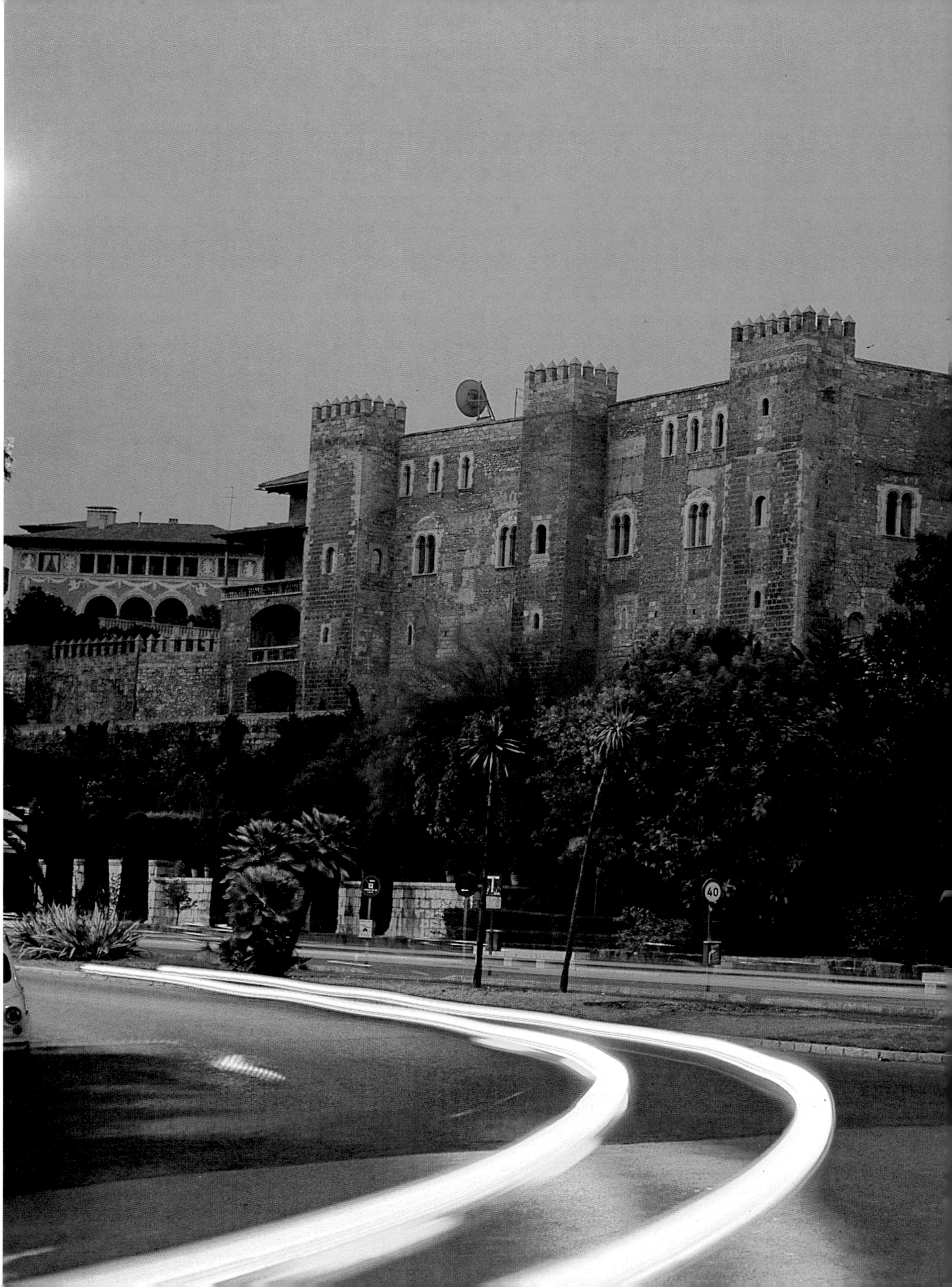
40

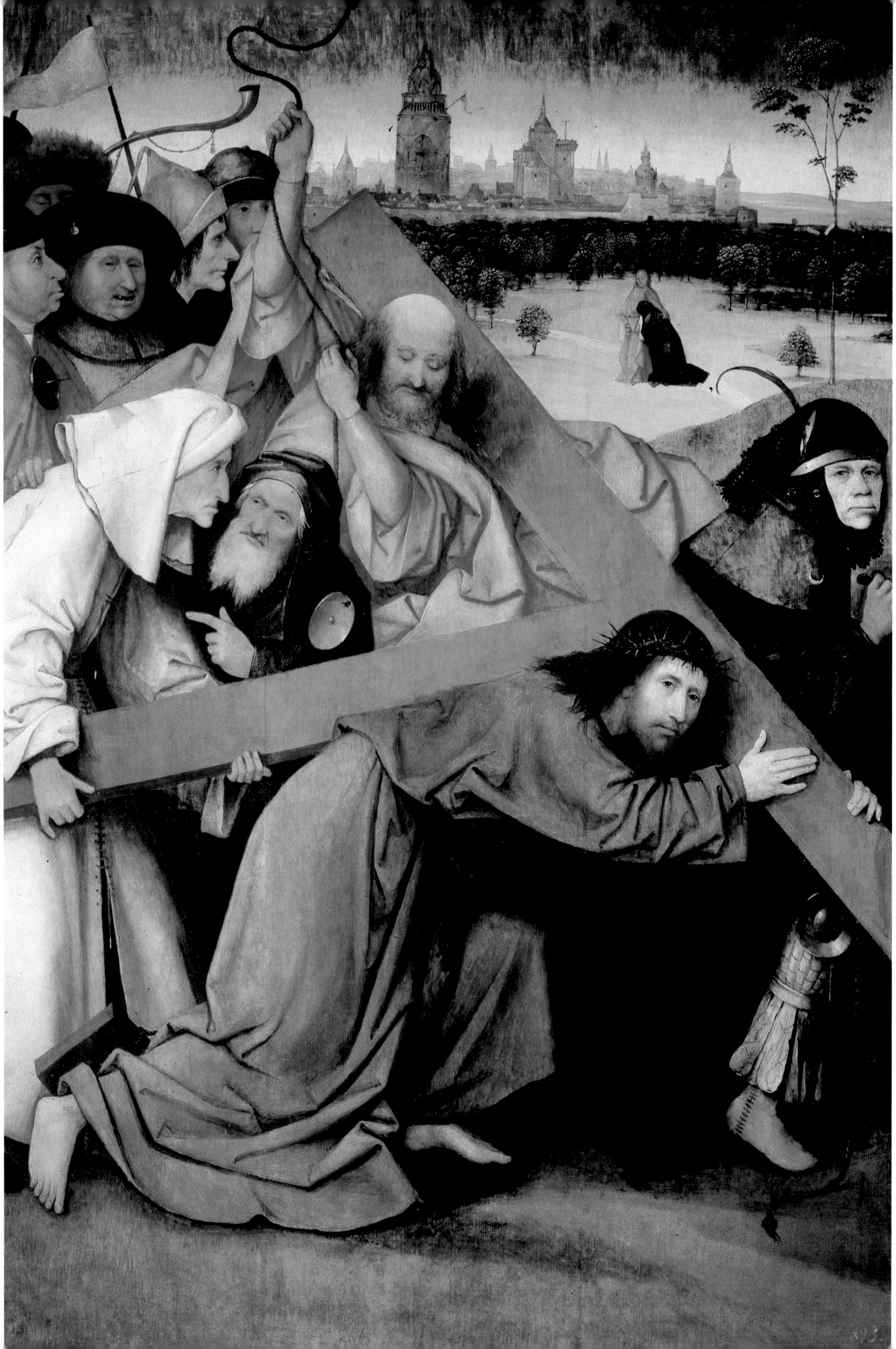

In illo tpre.
Appinquabat
autem dies
festus azimoz
qui diat pasch.
Et querebant
principes sacer
dotum i scribe
quomodo ihz
interficerent. Timebant uero
plebem. Intrauit autem sacha
nas in iudam q cognominabat
ur scarioth unu eroduodecim

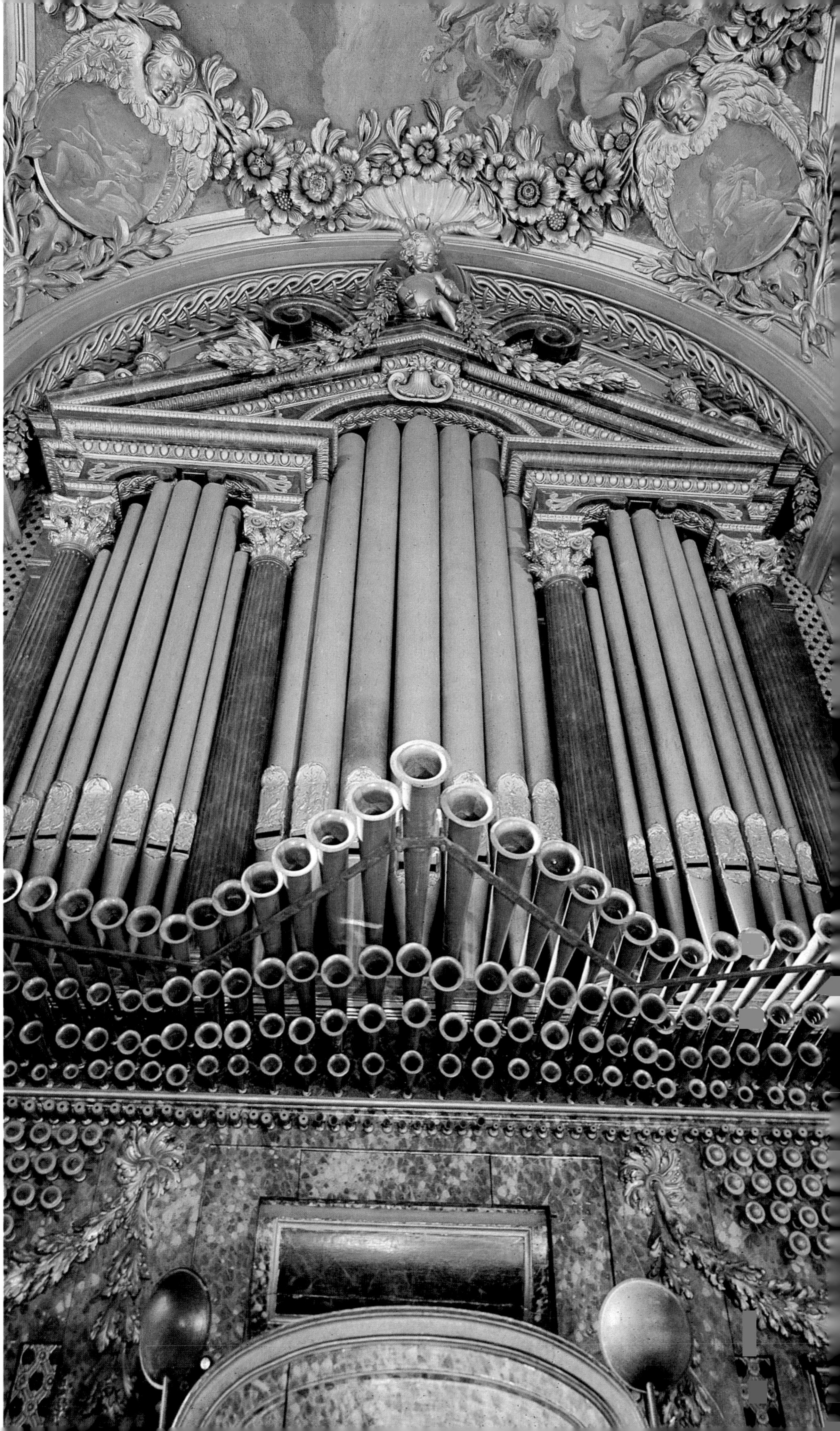

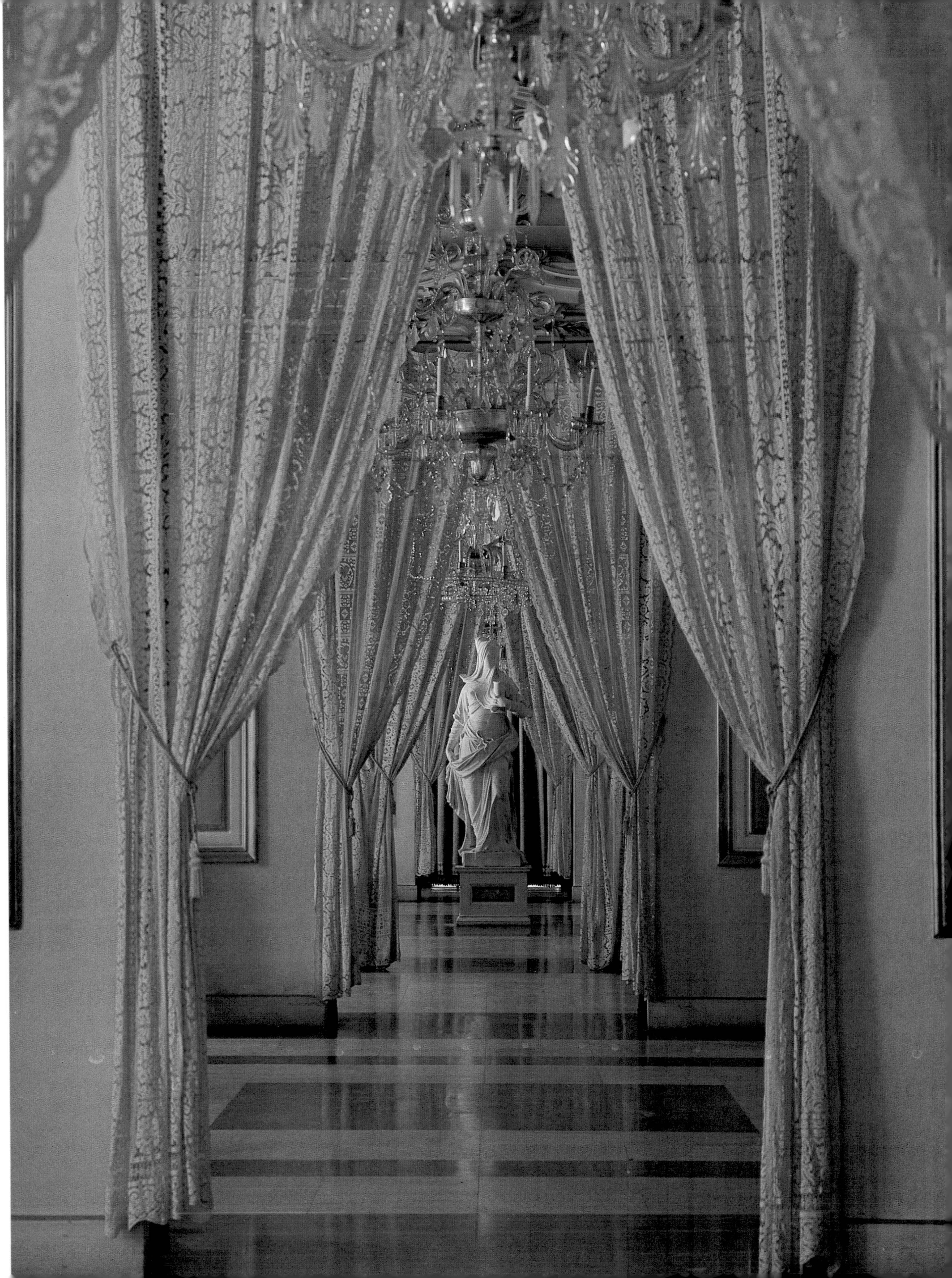

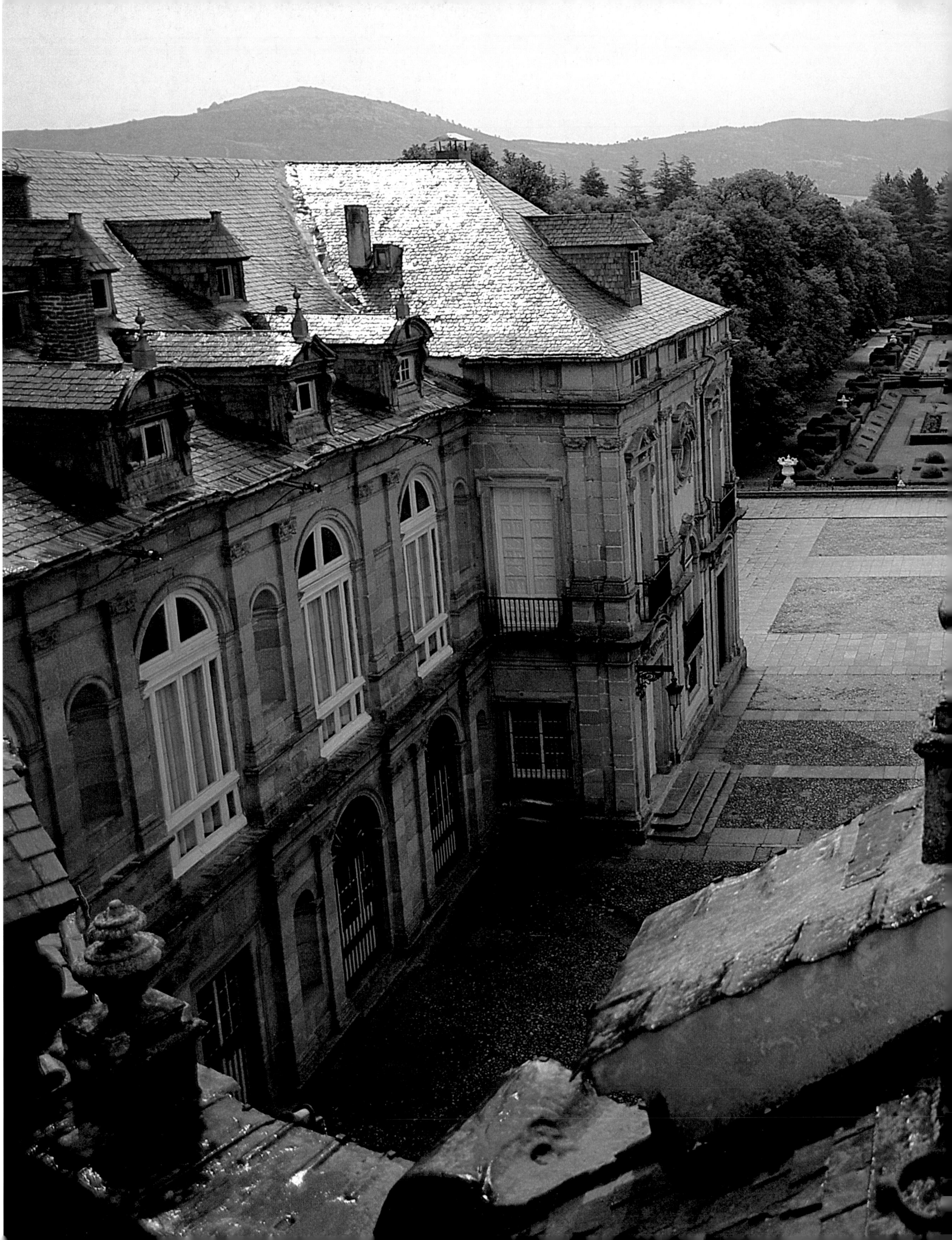

57

58

59

60

67
68

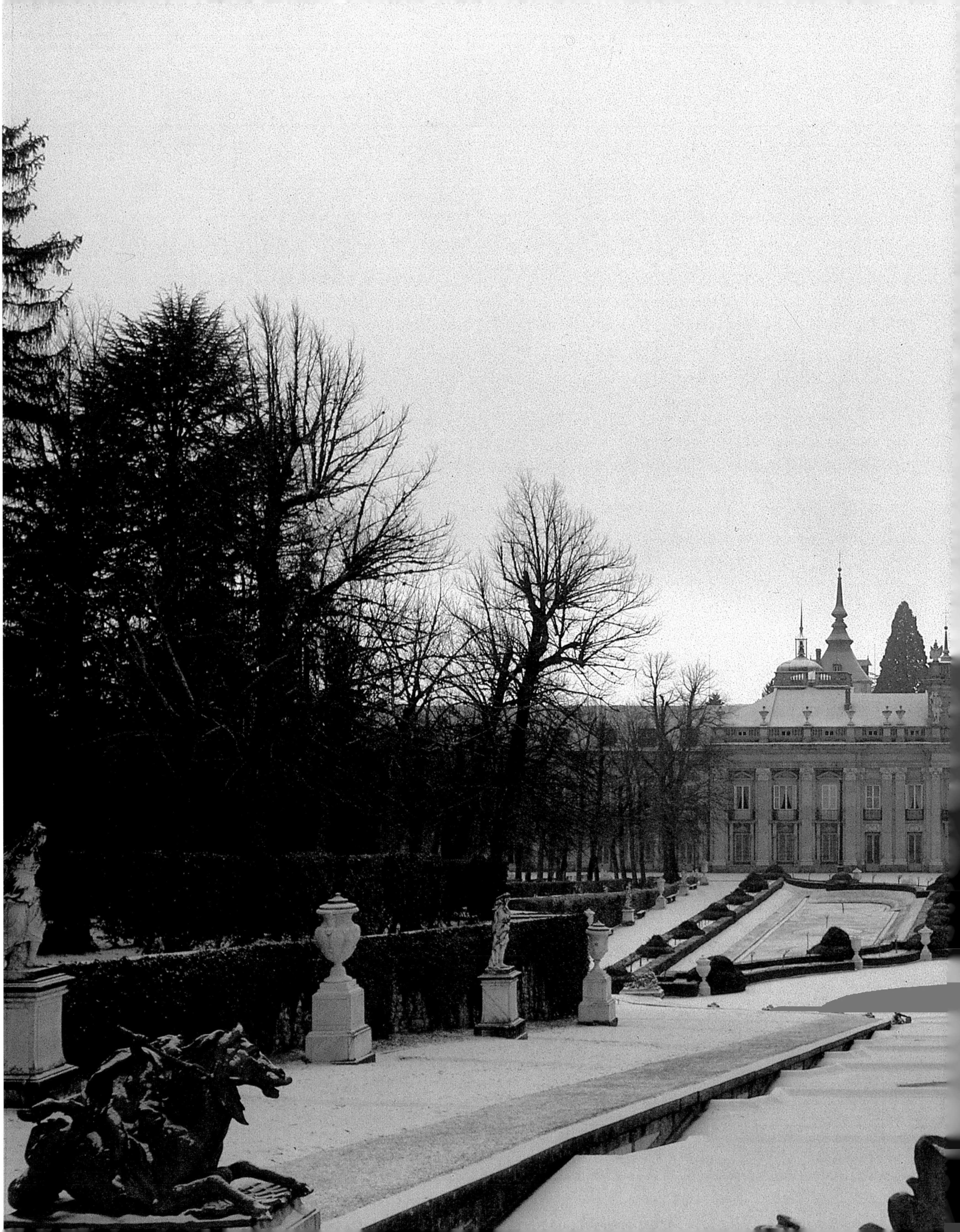

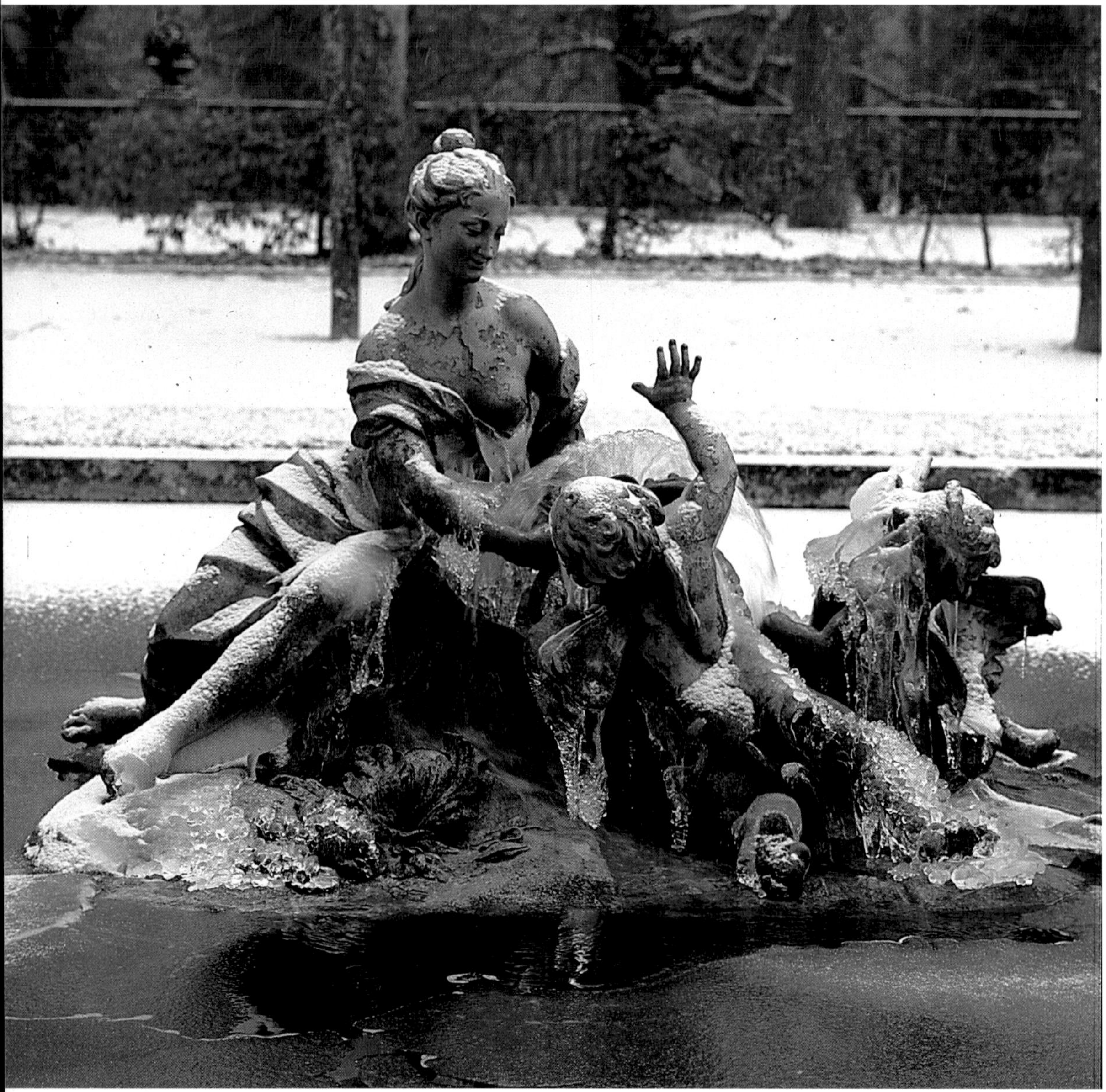

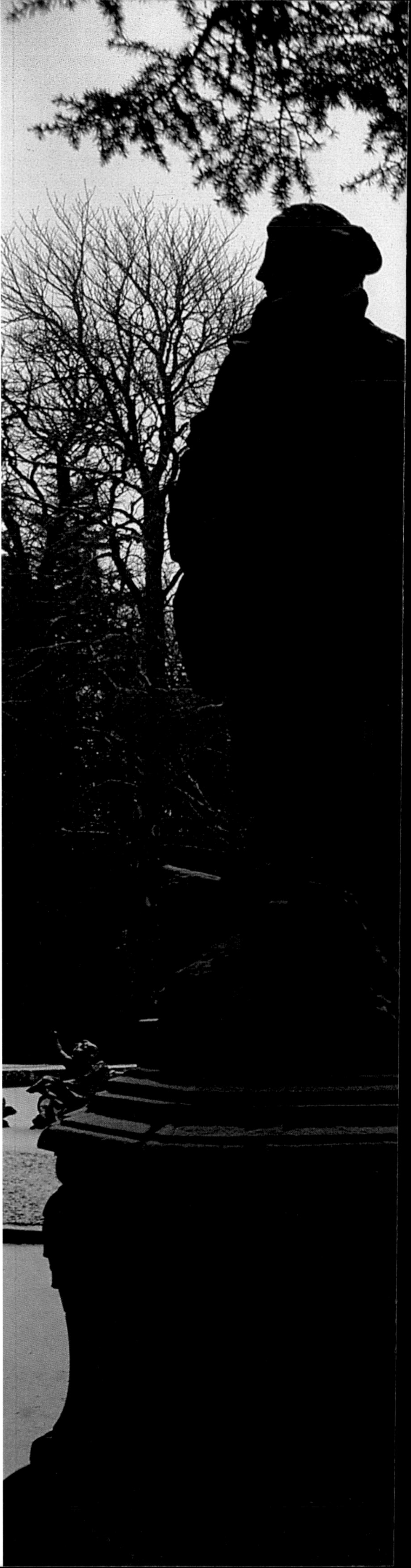

INDICE DE FOTOGRAFIAS

Este libro, fundamentalmente, se debe a la
íntima colaboración de dos equipos:

PATRIMONIO NACIONAL
y
LUNWERG EDITORES, S. A.

por el Patrimonio Nacional: por Lunwerg Editores, S. A.:

Asesor de la Edición: Jesús Infante   Director General: Juan Carlos Luna

Asesores Técnicos: M.ª Teresa Ruiz-Alcón   Director de Arte: Andrés Gamboa
                     Manuel del Río
                                                   Director Técnico: Santiago Carregal
y Servicios Fotográficos del Patrimonio Nacional
                                                   Maquetación: Bettina Benet

Se imprimió en los Talleres Gráficos
de Lunwerg Editores, S. A.